Asiatische Rezepte

Das asiatische Kochbuch mit über 100 leckeren und exotischen Rezepten aus China, Japan, Thailand u.v.m.

Lea Li

献给我心爱的丈夫李超：

一本非常特别的书，记住我们的爱。

Eine Widmung an meinen geliebten Mann Li Chao:

Ein ganz besonderes Buch zur Erinnerung an unsere Liebe.

Inhaltsverzeichnis

Vorwort	9
Ananas-Kokos-Sorbet	11
Ananas-Fisch-Nudeln mit cremiger Kokosmilch-Sauce	13
Apfel-Tempura mit Birnen-Kompott	14
Aprikosen-Lamm	15
Bun Bao – Burger Asia-Style	16
Asia-Nudelpfanne mit Steakstreifen	18
Asiatisch marinierte Rinderrippchen	19
Asiatische Pilzsuppe	20
Asiatisches Gemüse mit Gambas und Entenbrust	21
Auberginen-Kartoffel-Curry	23
Basilikumeis	24
Birnen-Rettich-Salat mit Datteln	25
Blumenkohl-Kartoffel-Curry	26
Caesar-Salat nach asiatischer Art	27
Chicken Tikka Masala	28
Chili-Garnelen-Rollen	29
Chili-Tofu-Suppe	30
Chinesische Dumplings	31
Chinesische Nudelsuppe	32
Curry-Teigtaschen mit Mango-Chutney	33
Dim Sum	35
Dim-Sum mit Pilzfüllung	36
Dim Sum mit Rosenkohl	38
Ente mit Mandeln und Morcheln	40
Entenbrust mit Gemüse	41
Fisch in Kokos – Würzsauce	42
Fischbällchen mit Curry-Kokos-Sauce	43
Fisch-Curry mit Ingwer-Vinaigrette	44

Fischfilet mit Kokoskruste	46
Fischfilet in Zitronengraskruste	47
Fischfilet mit Pak Choi	48
Frühlingsrollen	49
Früchte-Sashimis mit Mandeln	50
Garnelenomelett	51
Garnelen-Tortellini	52
Gefüllte Aubergine mit Tamarindensauce	53
Gefüllte Klößchen	54
Gegrillter Thunfisch mit asiatischem Gemüsesalat	56
Gemüse-Chop-Suey	58
Gemüse in Reispapier	59
Gebeizte Lachsforelle mit asiatischem Gemüsesalat	60
Geschmorte Mini-Paksoi	61
Geschmortes Thai-Gemüse	62
Glasiertes Kalbfleisch mit Walnüssen und Spargel	63
Grünes Asiagemüse mit Mienudeln	64
Grüntee-Crème-brûlée	65
Grünteesuppe serviert in der Papaya mit Fleisch-bällchen	67
Gurkensalat mit Sesam-Garnelen	68
Hähnchen-Süßkartoffel-Curry	69
Indischer Biryani-Reis	70
Indisches Nudelcurry	72
Ingwer-Limetten-Huhn mit Litschis	73
Ingwer-Tee-Eier	74
Jasmin-Tee-Panna Cotta	75
Kardamom-Pudding	76
Königsberger Klopse asiatischer Art	77
Kurkuma-Pfannkuchen	78
Lackierter Schweinenacken	79

Lachs-Wasabi-Tatar-Törtchen	80
Lachs-Muschel-Curry	81
Lammschulter auf Gelbwurzsauce	82
Limetten-Buttermilch-Mousse	83
Limetten-Reis-Flammeri	84
Linsen-Curry-Eintopf	86
Linsen-Dal	87
Linsen-Lamm-Curry	88
Mango-Curry-Parfait	89
Mangopudding	90
Mango-Wachtel-Salat	91
Miso-Tempeh-Nudel-Suppe	92
Möhrenspaghetti-Salat mit Erdnüssen	93
Naan-Brot	94
Nudelauflauf nach indischer Art	95
Obstsalat mit Tapioka und grünem Tee-Dressing	96
Pappadams mit Dips und frittierter Minze	97
Pfefferrindfleisch in Anissuppe mit Udon-Nudeln	99
Rindertopf „Bangkok Art"	100
Sauerorangen-Hühner-Curry	101
Scharfe Garnelen mit Ei	102
Scharfe Kohlsuppe	103
Scharfes Fisch-Curry	104
Shabu-Shabu-Salat	105
Seeteufel in Gurken-Reis-Suppe	106
Spinat-Linsen-Dal mit Papadams	107
Sternanis-Creme auf Obstsalat	109
Stir-fry Szechuan-Hähnchen	110
Sushi in der Schale	111
Sushi-Terrine	112

Süße Frühlingsrollen	114
Süßkartoffelcurry mit Möhren und Aubergine	115
Sweet-Chili-Wok mit Sobanudeln und Nussmix	116
Tandoori-Hähnchen	117
Tapioka mit Kokossahne	118
Teriyaki-Huhn	119
Thai-Frikadellen auf Gurken-Nudelsalat	120
Thai-Pasta	121
Thailändischer Salat mit Steakstreifen	122
Thailändisches Rinder-Curry mit Süßkartoffelkruste	123
Thunfisch-Sashimi mit Tomaten und Ingwer	125
Tropischer Obstsalat mit Wan Tan	126
Vietnamesisches Hähnchencurry	127
Zitrusfrüchte-Crumble	128
Zweimal gebratenes Schweinefleisch	129
Impressum	130

Vorwort

Liebe Freunde des asiatischen Essens,

vielen Dank, dass Sie sich für dieses Kochbuch entschieden haben, um mit mir zusammen leckere asiatische Mahlzeiten zu zubereiten.

Meine Leidenschaft für diese spezielle Küche begann, als ich zu meinen Studienzeiten ein Jahr in China verbracht habe. Dabei habe ich mich nicht nur in meinen Mann verliebt, sondern auch in das chinesische Essen. Danach sind wir immer wieder nach China zurückgereist und haben weitere asiatische Länder, wie Thailand, Japan, Indien, Myanmar, Malaysien, Sri Lanka, Korea, Indonesien und Vietnam, besucht. Nicht nur die Kulturen dieser Länder unterscheiden sich voneinander, sondern auch deren Küchen sind individuell. Dennoch haben sie gewisse Grundnahrungsmittel und Gewürze gemein, wodurch ein „asiatischer Konsens" entsteht.

Daher habe ich mich in diesem Kochbuch nicht auf ein asiatisches Land spezialisiert, sondern auf mehrere, wobei das Hauptaugenmerk auf China, Japan, Indien und Thailand liegt.

Bei meinen Besuchen dort wurde ich natürlich hauptsächlich bekocht, doch besonders durch die Familie meines Mannes habe ich gelernt, worauf es bei der asiatischen Küche ankommt. Auf frische Zutaten, auf ein ausgewogenes Verhältnis von Gewürzen und das man manchmal auch etwas wagen muss mit Zutaten, die einen fremd vorkommen. Doch als ich diese Gerichte zuhause in Deutschland für Freunde und Familie nachgekocht habe, waren manche Gerichte zu scharf und zu exotisch für die deutschen Gemüter. Daher habe ich die Gerichte, die ich kannte verändert und weitere Gerichte entwickelt, die auf große Begeisterung gestoßen sind in meinem Umfeld.

Meine Gerichte reichen von leichten Mahlzeiten, die in wenigen Minuten zubereitet werden können, bis hin zu schwierigeren Mahlzeiten, die eher etwas für geübte Köche sind. Alle Gerichte haben mindestens eine exotische Zutat und Gewürze. Manche Zutaten sind vielleicht nicht in jedem Discounter zu finden, aber in jedem gut sortierten Asialaden, den es bei fast jedem um die Ecke gibt.

So behält jedes Gericht seine einzigartige Note und ist bei jedem Essen etwas besonders.
Aber auch die asiatischen Gepflogenheiten beim Essen selber, sollen hier nicht außen vor gelassen werden. Das Essen steht bei asiatischen Familien im

Mittelpunkt, da sich hierfür alle zusammen finden und gemeinsam essen. Das gemeinsame Essen unterscheidet sich insoweit von dem europäischen, dass es keine Vorspeisen in kleinen Portionen gibt, sondern alle bestellen sich mehrere Speisen, die alle auf eine runde Platte gestellt werden und ein jeder nimmt sich von allem etwas. So isst und teilt man alles zusammen. Eine schöne Tradition, die auch in diesem Kochbuch aufgegriffen werden soll. Die Rezepte sind nur alphabetisch geordnet und nicht nach Vor- und Hauptspeise oder nach anderen Kategorien, denn hier sollen keine Grenzen gesetzt werden. Es können fischige Vorspeisen mit vegetarischen Hauptspeisen gemischt werden oder anderes. Auch die Portionsgrößen können leicht angepasst werden, sodass sie zu jeder Gelegenheit passen.

Warum sind keine Fotos im Buch?

Ganz einfach: es ist eine Kostenfrage. Hochglanzfotos sind ein großer Kostenpunkt bei der Erstellung von Büchern, der an den Endkunden weitergegeben wird. Das möchte ich aber meinen Lesern ersparen. Meine Intention war es, ein kompaktes und hilfreiches Buch zu einem günstigen Preis zu veröffentlichen, das Ihnen immer wieder Freude bereitet. Zudem bedeuten Fotos mehr Seiten in einem Buch, was wiederum mehr Papier zur Folge hätte. Und für diese Seiten würden mehr Bäume gefällt werden und das wäre eine weitere Belastung für die Umwelt. Daher habe ich mich für nur zwei Fotos entschieden, die aber nur in schwarz-weiß gedruckt werden.

Nun wünsche ich Ihnen viel Spaß beim Kochen und Genießen!

Ananas-Kokos-Sorbet

Zutaten für 6 Portionen

Für das Sorbet:
2 Blätter weiße Gelatine
150 g Zucker
1 rote Chilischote
1 Ananas (1,5 kg)
300 ml Kokosmilch
2 EL Limettensaft

Für das Sesamkrokant:
50 g Klebereis
2 EL geschälte Sesamsaat
1 TL schwarze Sesamsaat
5 Kaffirlimettenblätter
200 g Zucker

Für die Ananas:
2 Baby-Ananas
4 TL brauner Zucker

Zubereitungszeit: 90 Minuten

Zubereitung

Gelatine in einer Schale mit kaltem Wasser einweichen. Den Zucker mit 150 ml Wasser verrühren und mit einer eingeritzten Chilischote ohne Stiel aufkochen. Die Ananas gründlich putzen und schälen. Längs halbieren und den Strunk herausschneiden. Die Ananas in ca. 3 cm große Stücke schneiden. Die Stücke in den Zuckersirup hineingeben und bei schwacher Hitze 5-6 Minuten köcheln lassen. Die Kokosmilch langsam dazugeben und 1-2 Minuten mitkochen lassen.

Die Ananasmasse im Küchenmixer sehr fein pürieren. Die Gelatine sanft ausdrücken und in dem warmen Püree auflösen. Mit 2 EL Limettensaft abschmecken und vollständig abkühlen lassen.
Das Püree in eine Eismaschine füllen und 20 Minuten cremig-fest gefrieren lassen. Herausnehmen und 30 Minuten abgedeckt in das Gefrierfach stellen.

Für den Krokant den Reis in einer Pfanne ohne Fett bei milder Hitze ungefähr 8 Minuten hellbraun anrösten. Dann den geschälten und schwarzen Sesam in die Pfanne hinzugeben und 2 Minuten weiter rösten. Dann die Pfanne komplett abkühlen lassen. Die Kaffirlimettenblätter sehr fein schneiden und unter den Reis mischen.

2 Backpapiere und ein Rollholz auf der Arbeitsplatte bereitlegen. 200 g Zucker in einem Topf bei mittlerer Hitze hellbraun karamellisieren. Die Reismischung sorgfältig unterrühren und 1 Minute lang erwärmen. Die Zuckermasse schnell auf das erste Backpapier gießen. Das zweite Backpapier darüberlegen und mit dem Rollholz zügig die Masse so dünn wie möglich ausrollen. Kurz abkühlen

lassen, Backpapier abziehen und das Karamell vollständig kalt werden lassen. Den Sesamkrokant in Stücke brechen.

Die Baby-Ananas putzen, sorgfältig schälen und in hauchdünne Scheiben schneiden. Dicht nebeneinanderlegen. Unmittelbar vor dem Servieren den braunen Zucker auf den Ananasscheiben gleichmäßig verteilen und mit einer Lötlampe karamellisieren. Das Sorbet mit der Ananas auf Tellern anrichten und das Krokant darüber streuen.

Ananas-Fisch-Nudeln mit cremiger Kokosmilch-Sauce

Zutaten für 2 Portionen

300 g Fischfilet nach deiner Wahl
1/4 Ananas (ca. 250 g)
1 walnussgroßes Stück Ingwer
1 Knoblauchzehe
250 g Reisnudeln
1 EL Öl
200 ml Kokosmilch

100 ml Gemüsebrühe
1 TL Chiliflocken
1 TL thailändische Fischsauce + etwas zum Abschmecken
2 TL brauner Zucker
weißer Pfeffer
5–6 Stiele Koriander

Zubereitungszeit: 25 Minuten

Zubereitung

Den Fisch waschen, trocken tupfen und in Würfel schneiden. Die Ananas schälen und den harten Strunk herausschneiden. Das Fruchtfleisch in kleine quadratische Stücke schneiden. Den Ingwer und Knoblauch schälen und beides ganz fein hacken.

Die Reisnudeln in kochendem Wasser nach Packungsanweisung zubereiten. 1 EL Öl in einer Pfanne stark erhitzen. Den gewürfelten Fisch in die Pfanne geben und ca. 2 Minuten darin braten und immer wieder wenden. Den Ingwer und Knoblauch zugeben, kurz mitbraten. Die Kokosmilch, Brühe, 1 TL Chiliflocken, Ananas, 1 TL Fischsauce, 2 TL Zucker und 1 Prise weißen Pfeffer dazugeben und alles zusammen ca. 4 Minuten köcheln lassen.

Den Koriander waschen, trocken schütteln und die Blätter von den Stielen zupfen, hacken und zum Fisch geben. Mit der Fischsauce und dem Pfeffer abschmecken. Die Nudeln abgießen, in einem Sieb abtropfen lassen und alles in Schalen anrichten. Die Sauce darüber gießen und mit einem Rest Koriander garnieren.

Apfel-Tempura mit Birnen-Kompott

Zutaten für 4 Portionen

Für die Birnen-Salsa:
2 Limetten
1 Birne
1 Orange
10 g frischer Ingwer
2 Stiele Zitronenmelisse
3 EL Ahornsirup

Für die Apfel-Tempura:
4 Äpfel nach deiner Wahl
110 g Mehl
300 ml Mineralwasser
Öl zum Frittieren

Zubereitungszeit: 30 Minuten

Zubereitung

Für die Birnen-Salsa die Limetten auspressen und 1 EL Saft beiseite stellen. Die Birne waschen, halbieren und entkernen. Die Hälften in mundgerechte Würfel schneiden und mit dem Limettensaft mischen, sodass die Frische bleibt.

Die Orange schälen, sodass auch die weiße Haut vollständig entfernt wird. Die Orange in kleine Stücke schneiden. Den Ingwer schälen und fein würfeln. Die Orangenstücke und den Ingwer zu den Birnenwürfeln hinzugeben, alles gut vermischen.
Die Zitronenmelisse waschen, die Blätter abzupfen und in feine Streifen schneiden. Die Melisse zur Salsa dazugeben und mit Ahornsirup abschmecken. Die Salsa zudecken und in den Kühlschrank stellen.

Für die Apfel-Tempura die Äpfel schälen, halbieren, entkernen und in Spalten schneiden. Die Apfelscheiben mit dem übriggebliebenen Limettensaft vermischen. 100 g Mehl und Mineralwasser in einer Schüssel mit einem Schneebesen kräftig verrühren. Die abgetropften Apfelspalten mit dem restlichen Mehl bestäuben.

Das Öl in einem tiefen Topf auf 175 Grad erhitzen. Die Apfelspalten in kleinen Mengen kurz in den Teig geben, rausgeben und abtropfen lassen. Dann die Spalten im heißen Fett ca. 3 Minuten ausbacken. Mit einer Schaumkelle aus dem Fett heben und auf Küchenpapier abtropfen lassen. Sofort mit der Birnen-Salsa servieren.

<u>Tipp:</u> Sie müssen die Äpfel zum Frittieren nicht schälen. Rotbackige Schalen verleihen den Apfelstücken zusätzliche Farbe.

Aprikosen-Lamm

Zutaten für 2 Portionen

3 Frühlingszwiebeln
1 Pfefferschote
400 g Lammgulasch (aus der Schulter)
Salz und Pfeffer
2 EL Butterschmalz

1 TL edelsüßes Paprikapulver
1 Knoblauchzehe
4 Aprikosen (200 g)
150 g saure Sahne
2 TL Mehl

Zubereitungszeit: 60 Minuten

Zubereitung

Die Frühlingszwiebeln putzen, waschen und das Grüne in feine Ringe schneiden. Zudecken und erst einmal auf die Seite stellen. Das Weiße und Hellgrüne der Frühlingszwiebeln in 0,5 cm dicke Ringe schneiden. Die Pfefferschote halbieren, entkernen und in feine Streifen schneiden.

Das Lammgulasch mit Salz und Pfeffer würzen. Das Butterschmalz in einem Schmortopf zum Schmelzen bringen, das Fleisch hineingeben und braun anbraten. Das Weiße und Hellgrüne der Frühlingszwiebeln, das edelsüße Paprikapulver und die Pfefferschoten zugeben, eine Knoblauchzehe dazu pressen und alles kurz mitbraten.

Mit 200 ml heißem Wasser ablöschen und zugedeckt 45-50 Minuten schmoren lassen. Inzwischen die Aprikosen waschen, halbieren und entsteinen. Die Hälften nochmals in je 3-4 Spalten zerkleinern. 150 g Saure Sahne mit 2 TL Mehl verrühren. Die Sauce mit den Aprikosen zum Fleisch geben und weitere 5 Minuten alles zusammen schmoren lassen. Das Ragout nach Geschmack nachwürzen und mit den grünen Frühlingszwiebelringen dekorieren.

Bun Bao – Burger Asia-Style

Zutaten für 4 Portionen

350 g Mehl
10 g frische Hefe
1 EL flüssiger Honig
4 EL Rapsöl
Salz
1 Bio Limette
300 g Hähnchenfilet
1 TL Sojasauce
3 Spritzer Fischsauce
3 EL süße Chilisauce für Huhn
100 g Spitzkohl

100 g Möhren
25 g Erbsenspargelsprossen
1 rote Zwiebel
1 TL Zucker
50 g gesalzene Erdnüsse
4–5 Stiele Koriander
75 g Mayonnaise
Pfeffer
Mehl
Frischhaltefolie
Backpapier

Zubereitungszeit: 75 Minuten

Zubereitung

Für die Brötchen das Mehl in eine Schüssel geben und eine Mulde in die Mitte drücken. Die Hefe und den Honig hineintropfen lassen. Mit 175 ml lauwarmem Wasser auffüllen und ca. 15 Minuten gehen lassen. 2 EL Öl und 7 g Salz untermischen. Alles ca. 3 Minuten mit einem Handrührgerät zu einem glatten Teig verkneten. Abgedeckt ca. 1 Stunde an einem warmen Ort gehen lassen, bis sich das Teigvolumen verdoppelt hat.

Währenddessen die Limette heiß waschen, trocken reiben und die Schale fein abreiben. Die Limette halbieren und den Saft auspressen. Das Fleisch kalt abspülen, vorsichtig trocken tupfen und in kleine, gleichmäßige Würfel schneiden. In einer Schüssel die Sojasauce, die Fischsauce, 2 EL Chilisauce und 2 EL Limettensaft miteinander verrühren. Das Fleisch dazugeben und in der Marinade wenden. Zugedeckt ca. 30 Minuten kalt stellen.

Den Kohl waschen und in feine Streifen mit einer Reibe hobeln. Die Möhren schälen, längs halbieren und in feine Streifen schneiden. Die Erbsenspargelsprossen waschen und abtropfen lassen. Die Zwiebel schälen und in sehr feine Ringe schneiden. 2 EL Limettensaft mit dem Zucker verrühren. Kohl, Möhren, Sprossen und Zwiebel dazugeben und untermischen. Ebenfalls zugedeckt beiseite stellen. Die Erdnüsse grob hacken. Den Koriander waschen, trocken schütteln und, bis auf ein paar Blättchen zum Garnieren, fein hacken. Die Mayonnaise mit dem gehackten

Koriander, 1 EL Chilisauce, 2 EL Limettensaft und -schale verrühren. Alles zugedeckt kalt stellen.

Den Teig nochmals durchkneten und auf einer mit Mehl bestäubten Arbeitsfläche ca. 0,5 cm dick ausrollen. Mit einem runden Ausstecher mit einem Durchmesser von ca. 11 cm Kreise ausstechen. Die Teigkreise zu Halbmonden zusammenklappen und jeden auf ein kleines Stück Backpapier setzen. Wasser in einem weiten Topf aufkochen, Bambus-Dampfgarer hineinsetzen. Wasser zum Kochen bringen und Teiglinge in mehreren Portionen mit dem Backpapier in den Dampfgarer setzen, Deckel aufsetzen und 12–15 Minuten dämpfen. Fertig gedämpfte Brötchen herausnehmen und den Prozess mit allen Teiglingen wiederholen, solange bis alle gedämpft worden sind.

2 EL Öl in einer großen beschichteten Pfanne erhitzen. Das marinierte Fleisch darin bei mittlerer Hitze 3–4 Minuten braten. Mit Salz und Pfeffer abschmecken. Die Brötchen auseinanderklappen, mit der Mayonnaise bestreichen und nach Wahl mit der Salatmischung, Fleisch und Nüssen füllen. Mit dem übrigem Koriander garnieren.

Asia-Nudelpfanne mit Steakstreifen

Zutaten für 4 Portionen

400 g Brokkoli
1 Bund Lauchzwiebeln
3 kleine Paksoi (ca. 250 g; ersatzweise 1 kleiner Spitzkohl)
2 Knoblauchzehen
400 g Hüftsteak
180 g Mie-Nudeln

80 g Cashewkerne
4 EL Öl
Salz
Pfeffer
1–2 TL Sambal Oelek
8 EL Sojasauce

Zubereitungszeit: 45 Minuten

Zubereitung

Den Brokkoli waschen und in kleine Röschen aufteilen. Die Lauchzwiebeln putzen und abtropfen lassen. Dann in grobe Ringe schneiden. Vom Paksoi die äußeren Blätter entfernen und die Stielansätze abschneiden und gründlich waschen. Den Paksoi in Streifen schneiden. Den Knoblauch schälen und fein hacken. Das Fleisch abspülen, trocken tupfen und in Streifen schneiden.

Die Mie-Nudeln in kochendem Wasser nach Packungsanweisung garen. Die Cashewkerne in einem großen Wok ohne Fett für ein paar Minuten anrösten und danach wieder herausnehmen. 2 EL Öl im Wok erhitzen. Das Fleisch darin bei starker Hitze 1–2 Minuten kräftig anbraten.

Mit etwas Salz und Pfeffer würzen und ebenfalls herausnehmen.

2 EL Öl im restlichen Bratfett erhitzen. Die Brokkoliröschen darin unter Wenden ca. 4 Minuten braten. Den Paksoi dazugeben und ca. 2 Minuten mitbraten. Lauchzwiebeln, Knoblauch, Sambal Oelek und Sojasauce zugeben und alles miteinander aufkochen. Fleisch, Nudeln und Cashewkerne unterheben und nochmals erhitzen. Mit der Sojasauce und etwas Sambal Oelek abschmecken.

Asiatisch marinierte Rinderrippchen

Zutaten für 4 Portionen

2 kg Rinderrippchen (in ca. 10 cm große Stücke geteilt)
30 g frischer Ingwer
800 ml Rinderfond
100 ml trockener Sherry
100 ml Sojasauce
1 EL Anissaat
2 EL Szechuanpfeffer

2 Kapseln chinesischer Kardamom
4 Sternanise
2 Zimtstangen
2 EL brauner Zucker
1 Stück Bioorangenschale
Öl zum Frittieren
Sweet-Chili-Sauce

Zubereitungszeit: 260 Minuten + über Nacht marinieren

Zubereitung

Die Fleischstücke mit Küchengarn fest um den Knochen herum verschnüren. Den Ingwer schälen und in dünne Scheiben reiben. Den Rinderfond mit dem Sherry und der Sojasauce vermischen. Anissaat, Szechuanpfeffer, Kardamom, Sternanis, Zimt, braunen Zucker, Orangenschale und Ingwer zugeben, alles gut miteinander verrühren und das Fleisch darin über Nacht marinieren.

Das Fleisch mit der Marinade und 200 ml Wasser in einen großen Topf geben und bei mittlerer Hitze mit geschlossenem Deckel 4 Stunden garen. Die Fleischstücke mehrmals wenden.

Die Fleischstücke danach gut abtropfen lassen, sanft trocken tupfen und portionsweise in einer Pfanne mit reichlich heißem Öl in 1-2 Minuten knusprig frittieren. Auf Küchenpapier abtropfen lassen und mit der Chilisauce servieren.

Asiatische Pilzsuppe

Zutaten für 4 Portionen

200 g Tofu
1 TL Sesamöl
2 EL Sojasauce
2 TL Sesam
150 g Shiitakepilze
15 0g Champignons
3 Frühlingszwiebeln

5 g Ingwer
1 Knoblauchzehe
1 EL Öl
800 ml Gemüsebrühe
Salz
Pfeffer

Zubereitungszeit: 15 Minuten

Zubereitung

Den Tofu würfeln. Das Sesamöl und die Sojasauce miteinander vermischen. Den Tofu darin marinieren.

Den Sesam sanft in einer Pfanne ohne Fett für einige Minuten rösten.

Die Pilze und Frühlingszwiebeln gut abputzen und in Scheiben schneiden. Den Ingwer und Knoblauch schälen und klein schneiden.

Das Öl in einer Pfanne erhitzen. Das Gemüse 3 Minuten lang darin anbraten. Mit der Gemüsebrühe ablöschen und 5 Minuten auf kleiner Flamme köcheln lassen.

Den Tofu mit der Marinade dazu geben und weitere 5 Minuten ziehen lassen. Mit Salz und Pfeffer würzen und den Sesam über die Suppe streuen.

Asiatisches Gemüse mit Gambas und Entenbrust

Zutaten für 4 Portionen

100 g Tempuramehl (ersatzw. Weizenmehl)
1 Eigelb
4 Blätter TK-Wan-Tan
4 Entenbrüste (à ca. 200 g)
Salz
Pfeffer
200 g Basmatireis
2 Möhren
1 rote Zwiebel
2 Lauchzwiebeln

4 Kräuterseitlinge
1 Stück Ingwer (ca. 30 g)
8 rohe Garnelen (à ca. 25 g; ohne Kopf, mit Schale)
1 L weißes Frittieröl
2 EL Erdnussöl
3 EL Sojasauce
2 EL Austernsauce
1 EL Chicken-Chili-Sauce

Zubereitungszeit: 90 Minuten

Zubereitung

Die 4 Wan-Tan-Blätter aus der Packung nehmen, auftauen lassen. Die restlichen Wan-Tan-Blätter wieder einfrieren.

Für den Tempurateig das Mehl mit dem Eigelb und 1/4 l kaltem Wasser verrühren. Nicht zu stark rühren, der Teig darf in diesem Fall etwas klumpig sein. Die Schüssel in den Kühlschrank stellen, dann wird er nachher beim Ausbacken schön knusprig.

Den Ofen vorheizen (E-Herd: 100 °C/ kein Umluft). Die Entenbrüste waschen und mit einem Tuch trocken tupfen. Die Haut längs mehrmals vorsichtig einschneiden. Mit Salz und Pfeffer würzen. Eine ofenfeste Pfanne ohne Fett erhitzen.

Die Entenbrüste in der Pfanne auf der Hautseite bei mittlerer Hitze 3–4 Minuten anbraten, wenden und auf der Fleischseite 2–3 Minuten braten. Mit der Pfanne in den heißen Ofen schieben und 15–20 Minuten weiterbraten.

Den Reis in gut 400 ml Salzwasser nach Packungsanweisung garen. Die Möhren schälen, waschen und in gleich lange Stifte schneiden. Die Zwiebel schälen und fein würfeln. Die Lauchzwiebeln waschen und in Ringe schneiden. Die Pilze fein abputzen und klein schneiden.

Den Ingwer schälen und sehr fein hacken. Die Garnelen schälen und evtl.

den dunklen Darm entfernen. Die Garnelen kalt abspülen und trocken tupfen.

Die Wan-Tan-Blätter in Stücke brechen. Das Frittieröl in einem weiten Topf oder einer Fritteuse auf ca. 180 °C (es ist heiß genug, sobald an einem langen Holzspieß Bläschen aufsteigen) erhitzen. Die Wan-Tan-Stücke darin ca. 1 Minute knusprig ausbacken. Mit einem Sieb herausheben und auf Küchenpapier abtropfen lassen.

Die Garnelen mithilfe einer Gabel durch den Tempurateig ziehen, etwas abtropfen lassen. Portionsweise im heißen Frittieröl 3–4 Minuten ausbacken, dabei ab und zu wenden. Herausheben und ebenfalls auf Küchenpapier abtropfen lassen.

Das Erdnussöl in einer großen Pfanne erhitzen. Möhren, alle Zwiebeln, Pilze und Ingwer darin 3–4 Minuten anbraten. Die Sojasauce, Austernsauce und Chilisauce langsam einrühren. Dann den Reis unterheben. Die Entenbrust aufschneiden. Die Asiapfanne mit den Gambas, der Entenbrust und den Wan Tans anrichten.

Auberginen-Kartoffel-Curry

Zutaten für 2 Portionen

30 g frischen Ingwer	1 Dose Pizzatomaten (425 g EW)
2 Zwiebeln	300 ml Gemüsebrühe
1 Knoblauchzehe	1 Aubergine (300 g)
1 rote Chilischote	2 TL Sesamsaat
450 g Kartoffeln	Salz
1 EL zerlassene Butter	Pfeffer
1 TL Tomatenmark	1/2 Bund Koriandergrün
2 TL mildes Currypulver	

Zubereitungszeit: 50 Minuten

Zubereitung

30 g frischen Ingwer schälen. Den Ingwer und 2 Zwiebeln, 1 Knoblauchzehe, 1 rote Chilischote fein würfeln. 450 g Kartoffeln schälen und in 1 cm große Würfel schneiden.

1 EL Butter in einer erwärmten Pfanne zergehen lassen. Ingwer, Zwiebeln, Knoblauch und Chili in die Pfanne geben und 2 Minuten glasig dünsten. Die Kartoffeln zugeben und weitere 2 Minuten mitdünsten. 1 TL Tomatenmark und 2 TL mildes Currypulver langsam unterrühren. 1 Dose Pizzatomaten und 300 ml Gemüsebrühe zugießen, alles aufkochen und zugedeckt bei mittlerer Hitze 25 Minuten kochen.

Eine Aubergine putzen und würfeln. 2 EL Öl in einer Pfanne erhitzen. Die Aubergine bei starker Hitze 10 Minuten braten, salzen und pfeffern. Aber aufpassen, Auberginen können schnell verbrennen. Mit 1/2 TL mildem Currypulver und 2 TL Sesamsaat bestreuen und kurz mitrösten.

Die Blätter von 1/2 Bund Koriandergrün abzupfen. Kartoffel-Curry mit Salz, Pfeffer und einer Prise Zucker würzen. Die Auberginenwürfeln und Koriander hinzufügen und servieren.

Basilikumeis

Zutaten für 4 Portionen
500 ml Milch
100 g brauner Zucker
1 Vanilleschote
2 Eier
200 g Basilikumblätter
2 Limetten

Zubereitungszeit: 100 Minuten

Zubereitung

Die Vanilleschote aufschneiden und das Mark herauskratzen. Die Vanille mit der Milch und dem Zucker aufkochen und danach abkühlen lassen. Die Eier in der Milch verrühren. Die gesamte Masse kalt stellen.

Die Basilikumblätter im Mixer pürieren. Den Saft aus den Limetten pressen. Basilikum und Limettensaft unter die Milch rühren. Alles in einer Eismaschine zu Eis vermengen.

Falls Sie keine Eismaschine haben, die Masse während des Gefrierens regelmäßig mit einem Schneebesen durchrühren.

Birnen-Rettich-Salat mit Datteln

Zutaten für 4 Portionen

200 g weißer Rettich	2 EL Reisessig
1 Karotte	2 EL Ingwer
110 g Birnen	2 EL Sesamöl
1 rote Paprika	1 EL brauner Zucker
60 g Stangensellerie	2 EL Olivenöl
100 g Glasnudeln	1 EL Salz
16 Datteln	2 EL Tabasco

Zubereitungszeit: 20 Minuten

Zubereitung

Den Rettich, Karotte, Birne und Ingwer schälen und ebenso wie Paprika und Stangensellerie in feine Streifen schneiden. Alles in kochendem Wasser kurz blanchieren und dann mit kaltem Wasser abschrecken.

Die Glasnudeln nach Anleitung kochen und mit dem Gemüse vermischen.

Reisessig, Sesamöl, Zucker, Olivenöl, Salz und Tabasco miteinander vermischen und als Sauce über das Essen gießen. Zum Abschluss die Datteln darüber drapieren.

Blumenkohl-Kartoffel-Curry

Zutaten für 2 Portionen

300 g Kartoffeln	2 grüne Chilischoten
1/2 Blumenkohl (400 g)	2 EL Butterschmalz
2 Tomaten (250 g)	1/2 TL Kurkuma
1 Zwiebel	1 Garam Masala
10 g frischer Ingwer	Salz
1 Knoblauchzehe	

Zubereitungszeit: 45 Minuten

Zubereitung

Die Kartoffeln schälen, in 3 cm große Würfel schneiden und in kaltes Wasser legen. Den Blumenkohl säubern und in 3 cm große Röschen teilen. Die Tomaten grob würfeln und die Zwiebel fein würfeln. Den Ingwer dünn schälen und mit dem Knoblauch sehr fein hacken. Die Chilischoten mit den Kernen in der Mitte in feine Ringe schneiden.

Das Butterschmalz in einem Topf erhitzen und die Zwiebeln darin bei mittlerer Hitze 3 Minuten unter Rühren braten. Den Ingwer, Knoblauch, Chili und abgetropfte Kartoffeln unterheben und weitere 3 Minuten mitbraten.

Blumenkohl, Tomaten, Kurkuma und Garam Masala untermischen. Das Gemüse salzen, 150 ml Wasser zugeben und zugedeckt einmal aufkochen. Dann bei milder Hitze 15-18 Minuten kochen lassen, bis die Kartoffeln weich sind.

Tipp: Das Garam Masala selber machen. 3 Kardamomkapseln aufbrechen und die Samen herauslösen. Mit 3 Nelken, 1/2 TL schwarzen Pfefferkörnern, 1 TL Kreuzkümmel und 1 kleine Zimtstange in einer kleinen Pfanne rösten, bis die Gewürze anfangen zu duften. In einem Mörser fein zerstoßen (oder im Blitzhackerfein zerkleinern). Luftdicht verpackt und dunkel aufbewahren.

Caesar-Salat nach asiatischer Art

Zutaten für 4 Portionen

400 g Hähnchenfilet
2 EL Öl
Salz
Pfeffer
Zucker
80 g Baguettebrot
1 Knoblauchzehe
6 EL Sesamöl
1 Bio-Limette

20 g Ingwer
3 EL Joghurtsalatcreme
2 EL Teriyakisauce
1 Römersalat (ca. 300 g)
1 Bund Koriander
5 EL gesalzene geröstete Erdnusskerne
Backpapier

Zubereitungszeit: 40 Minuten

Zubereitung

Das Fleisch waschen und trocken tupfen. Das Öl in einer Pfanne erhitzen und das Fleisch darin von jeder Seite 6–7 Minuten braten. Mit Salz und Pfeffer würzen.

Den Ofen vorheizen (E-Herd: 200 °C/Umluft: 175 °C) und das Backblech mit Backpapier auslegen. Das Brot in dünne Scheiben schneiden und auf dem Backblech verteilen. Den Knoblauch schälen und fein hacken. Die Hälfte des Knoblauchs und 5 EL Sesamöl verrühren. Das Brot mit der Knoblauchpaste beträufeln und im heißen Ofen 5–7 Minuten rösten.

Für die Sauce die Limette heiß waschen und die Schale fein abreiben. Die Frucht halbieren und auspressen. Den Ingwer schälen und fein reiben. Mit Salatcreme, dem Rest Knoblauch, 1 EL Sesamöl, Teriyakisauce, Limettensaft und -schale glatt verrühren. Mit Salz, Pfeffer und 1 TL Zucker abschmecken.

Den Salat waschen, gut abtropfen lassen und in Streifen schneiden. Den Koriander waschen, trocken schütteln, Blätter abzupfen und grob hacken. Die Erdnüsse ebenfalls grob hacken. Das Fleisch mit zwei Gabeln zerzupfen. Salat, Koriander, Fleisch, Brot und Nüsse mischen und anrichten. Mit der Salatsauce beträufeln.

Chicken Tikka Masala

Zutaten für 4 Portionen

400 g Hähnchenbrustfilets	1 Dose Pizzatomaten (400 g EW)
50 g Tikka-Masala-Gewürz	1 EL Tomatenmark
3 EL Sahnejoghurt	75 ml Schlagsahne
4 rote Zwiebeln	Salz
40 g frischer Ingwer	schwarzer Pfeffer
1 EL Öl	

Zubereitungszeit: 60 Minuten

Zubereitung

Das Hähnchenbrustfilet würfeln und in einer Schüssel mit der Tikka-Masala-Würzmischung und dem Sahnejoghurt mischen. 1 Stunde lang marinieren.

2 Zwiebeln fein würfeln und die anderen 2 Zwiebeln in Spalten schneiden. Den Ingwer schälen und fein hacken. Das Öl in einer Pfanne erhitzen, Zwiebeln und Ingwer darin anbraten. Das Fleisch dazugeben und 1 weitere Minuten alles zusammen anbraten.

Die Dosentomaten, Tomatenmark und 100 ml Wasser in die Pfanne geben und alles aufkochen. Zugedeckt 10 Minuten bei mittlerer Hitze kochen lassen.

Am Ende der Garzeit die Sahne dazugeben, salzen und pfeffern.

Chili-Garnelen-Rollen

Zutaten für 4 Portionen
1 Bund Frühlingszwiebeln
Öl
12 Blätter Frühlingsrollenteig
12 Garnelen (roh, ohne Kopf und Schale)
Pfeffer
Salz
Chili
Eiweiß
Pflaumensauce

Zubereitungszeit: 25 Minuten

Zubereitung

Die Frühlingszwiebeln putzen, in 2 cm lange, sehr feine Streifen schneiden und in 170 Grad heißem Fett 2-3 Minuten frittieren. Danach gut abtropfen lassen. Den Frühlingsrollenteig ausrollen und die Hälfte der Frühlingszwiebeln darauf gleichmäßig verteilen. Die Garnelen diagonal auf die Zwiebeln setzen, mit Pfeffer, Salz und Chili würzen. Die Teigränder nach innen klappen und die Teigblätter aufrollen.

Die Teigenden mit Eiweiß bestreichen und fest andrücken. Die Rollen im heißen Fett frittieren, abtropfen lassen und zusammen mit den restlichen Frühlingszwiebelstreifen und chinesischer Pflaumensauce zum Dippen servieren.

Chili-Tofu-Suppe

Zutaten für 4 Portionen

3 EL Misopaste
1 EL Tabasco
500 ml Gemüsesuppe
1 Prise Pfeffer
1 EL Öl
1 EL Zwiebeln
1 EL Knoblauch
1 EL Szechuanpfeffer
100 g Rinderhackfleisch

2 EL Reiswein
1 EL brauner Zucker
1 Prise Meersalz
300 g Tofu
1 EL Sesamöl
2 EL Speisestärke
50 g Reisnudeln
Chili

Zubereitungszeit: 25 Minuten

Zubereitung

Die Misopaste, Tabasco, Gemüsesuppe und Pfeffer kräftig miteinander verrühren.

Etwas Öl in einem Wok erhitzen. Die Zwiebeln und den Knoblauch schälen, klein schneiden und in der Pfanne dünsten.

Das Rinderhackfleisch und den Szechuanpfeffer beimengen und mit dem Reiswein ablöschen. Mit Zucker, Salz und Sesamöl würzen. Den Tofu würfeln und zur Suppe hinzugeben. Die Gemüsesuppe dazu gießen. Alles 5 Minuten köcheln lassen. Die Speisestärke zur Bindung hinzugeben und verdicken lassen.

Die Reisnudeln einweichen und dann in wenig Fett braten. Unter die Suppe mischen und mit Chili und Basilikum garnieren.

Chinesische Dumplings

Zutaten für 4 Portionen
1 Pck. Dumpling-Teig (300 g, 30 St., 8 cm Ø)
1/2 Bund Schnittknoblauch (ersatzweise Frühlingszwiebeln)
10 g frischer Ingwer
400 g Schweinemett
1 Ei
1–2 TL Sesamöl
1 EL Öl
6 EL Sojasauce
2 EL Weißweinessig

Zubereitungszeit: 30 Minuten

Zubereitung

Den Dumpling-Teig langsam auftauen lassen (bei Zimmertemperatur dauert das ca. 2 Stunden). Den Schnittknoblauch fein schneiden. Den Ingwer schälen und fein reiben. Das Mett mit dem Ei in eine Schüssel geben. Den Ingwer dazugeben und alles gründlich verkneten. Das Sesamöl und den Schnittknoblauch beimengen.

Die Dumplingkreise auf ein Backblech auslegen. Je einen knappen Esslöffel Füllung mittig auf die Teigkreise verteilen. Die Ränder mit wenig Wasser einpinseln und in kleine Falten schlagen. Alles fest zusammendrücken.

Eine beschichtete Pfanne mit Öl auswischen und die Hälfte der Teigtaschen hineingeben. Alles kräftig anbraten.

Die Dumplings mit 100 ml Wasser ablöschen und zugedeckt 3 Minuten dämpfen lassen. Die restlichen Teigtaschen wie die vorherigen garen. Die Sojasauce mit dem Essig glatt verrühren und zu den Teigtaschen als Dip servieren.

Chinesische Nudelsuppe

Zutaten für 4 Portionen

100 g Shiitakepilze	4 Frühlingszwiebeln
1 Knoblauchzehe	100 g chinesische Weizennudeln
30 g frischer Ingwer	Salz
200 g Spinat	1 L Hühnerbrühe
2 TL Sesamsaat	5 EL Sojasauce
4 Garnelenschwänze (roh mit Schale, à 50 g)	3 Spritzer geröstetes Sesamöl

Zubereitungszeit: 25 Minuten

Zubereitung

Die Shiitakepilze gründlich putzen, kleinere ganz lassen, größere halbieren oder in Scheiben schneiden. Den Knoblauch und Ingwer schälen, in feine Streifen schneiden. Den Spinat waschen und in einem Sieb abtropfen lassen.

Den Sesam in einer Pfanne ohne Fett langsam hellbraun rösten. Die Garnelen schälen, auf dem Rücken längs einritzen und entdarmen. Die Frühlingszwiebeln putzen und fein schneiden. Die Nudeln in kochendem Salzwasser 2-3 Minuten kochen, abgießen, mit kaltem Wasser abschrecken und abtropfen lassen.

Die Hühnerbrühe mit dem Knoblauch, Ingwer und 2-3 EL Sojasauce aufkochen und 10 Minuten ziehen lassen. Dann die Suppe erneut aufkochen lassen. Die Pilze, Spinat, Garnelen und Sesam dazugeben, die Hitze reduzieren und alles knapp unter dem Siedepunkt 5-6 Minuten ziehen lassen. Mit der restlichen Sojasauce und dem Sesamöl abschmecken.

Die Nudeln und Frühlingszwiebeln auf vorgewärmte Schalen verteilen. Mit der heißen Suppe auffüllen und sofort servieren.

Curry-Teigtaschen mit Mango-Chutney

Zutaten für 4 Portionen

Für den Teig und die Füllung:
250 g Dinkelmehl (Type 630)
1/2 TL Kurkuma
4 EL Sonnenblumenöl
200 g vorwiegend fest kochende Kartoffeln
50 g TK-Erbsen
1 EL Bockshornklee
1 EL Koriandersaat
1 EL Currypulver
30 g Butter
40 g rote Zwiebeln

Für das Chutney:
180 g rote Zwiebeln
1 Mango (ca. 400 g)
50 g Zucker
100 ml Weißweinessig
Salz
6 Stiele Koriandergrün

Zubereitungszeit: 100 Minuten

Zubereitung

Das Mehl und Kurkuma in eine Schüssel sieben. Das Öl, 120 ml Wasser und 1 TL Salz zufügen und alles rasch verkneten. Den Teig auf einer leicht bemehlten Arbeitsfläche weitere 2-3 Minuten kneten, bis der Teig geschmeidig ist. Den Teig abgedeckt 1 Stunde ruhen lassen.

Inzwischen die Kartoffeln ungeschält in Salzwasser ca. 20 Minuten garen, in ein Sieb gießen, etwas ausdämpfen lassen und noch warm pellen. Die Erbsen in kochendem Salzwasser blanchieren und in einem Sieb abtropfen lassen. Die Zwiebeln fein würfeln.

Die Butter in einer Pfanne schmelzen lassen und dann die Zwiebeln darin bei nicht zu starker Hitze goldgelb braten. Bockshornklee und Koriandersaat in einer beschichteten Pfanne ohne Fett anrösten, bis es dampft. Danach in einem Mörser fein mahlen.

Die Kartoffeln durch eine Presse in eine Schüssel drücken. Die Erbsen, Butter-Zwiebel-Mischung, Curry, Bockshornklee und Koriandersaat zusammen zu den Kartoffeln hinzugeben und mit einem Holzlöffel gut unterrühren, mit Salz abschmecken. Aus der Kartoffelmasse 30-35 kleine Kugeln formen.

Für das Chutney die Zwiebeln fein würfeln. Die Mango schälen, das Fruchtfleisch längs in Scheiben vom Stein und in kleine Würfel schneiden. Den

Zucker in einem Topf dunkelbraun karamellisieren lassen und zum Schluss mit dem Essig und 150 ml Wasser ablöschen. Die Zwiebeln zugeben und offen bei nicht zu starker Hitze 10-15 Minuten sämig einkochen. Die Mangostücke ebenfalls hinzufügen und weitere 8-10 Minuten bei milder Hitze dicklich einkochen lassen. Alles mit Salz würzen. Das Chutney in einem hohen Gefäß abkühlen lassen. Das Koriandergrün abzupfen, fein schneiden und unter das Chutney rühren.

Den Teig auf einer leicht bemehlten Arbeitsfläche ca. 50 x 35 cm groß ausrollen. Mit einem runden Ausstecher (6,5 cm Ø) 30-35 Teigscheiben ausstechen. Je 1 Kartoffelkugel auf das untere Drittel der Scheiben legen, den Teig um die Kugel herum mit den Fingern leicht befeuchten. Teig um die Füllung zu Halbmonden zusammenklappen und gut andrücken.

Die Teigtaschen auf ein mit Backpapier belegtes Backblech legen, im vorgeheizten Backofen bei 200° C (kein Umluft) auf der 2. Schiene von unten 20-22 Minuten backen. Die Teigtaschen herausnehmen und mit dem Chutney servieren.

Dim Sum

Zutaten für 4 Portionen
30 Blätter tiefgefrorener Wan Tan-Teig (ersatzweise Frühlingsrollenteig)
50 g Mungobohnensprossen
125 g Möhren
2 Lauchzwiebeln
2-3 EL Sojasauce
1 L Öl zum Frittieren

Zubereitungszeit: 65 Minuten

Zubereitung

Den Wan Tan-Teig (ca. 10 x 10 cm) in ein angefeuchtetes Geschirrtuch wickeln und schonend auftauen lassen. Die Mungobohnensprossen waschen und abtropfen lassen. Die Möhren schälen und die Lauchzwiebeln putzen.

Alles zusammen sehr klein schneiden. Mit der Sojasauce vermischen. Die Wan Tan-Blätter portionsweise an den Rändern mit etwas Wasser bestreichen, damit sie auf gar keinen Fall austrocknen. Auf eine Hälfte der Blätter ca. 1 Teelöffel der Füllung geben.

Diagonal überklappen, so dass Dreiecke entstehen, Ränder gut andrücken. Das Öl erhitzen, die Wan Tans portionsweise hineingeben und 2-3 Minuten goldbraun frittieren. Auf Küchenpapier abtropfen lassen.

Dim-Sum mit Pilzfüllung

Zutaten für 4 Portionen

24 runde Blätter TK-Gyoza- oder Dumplingteig (9 cm Ø; ca. 120 g)
30 g Mungobohnensprossen
1 kleine Möhre
100 g Pak Choi
1 Knoblauchzehe
150 g Shiitakepilze
3 EL Öl

1 EL Hoisinsauce
7 EL Sojasauce
1 TL Sesamöl
20 g Ingwer
1/2 TL Srirachasauce
Salz
Öl oder Backpapier

Zubereitungszeit: 90 Minuten

Zubereitung

Den Gyozateig kurz antauen lassen, damit man die Hälfte abnehmen und auftauen lassen kann, während der Rest wieder eingefroren wird.

Für die Füllung die Mungobohnensprossen abspülen und abtropfen lassen. Die Möhre schälen und in sehr feine Stifte schneiden. Den Pak Choi waschen, die Blätter von den Stielen trennen und die Stiele fein würfeln. Die Blätter grob zerschneiden. Die Knoblauchzehe schälen und fein hacken. Die Pilze fein abputzen, säubern und ebenfalls fein hacken.

2 EL Öl in einer Pfanne erhitzen. Die Pilze darin scharf anbraten. Mit Salz würzen und wieder herausnehmen. Nochmals 1 EL Öl im Bratfett erhitzen. Möhre, Pak Choi und Knoblauch darin andünsten. Die Sprossen hinzugeben. Mit 1 EL Hoisin- und 1 EL Sojasauce ablöschen.
Die Pilze mit 1 TL Sesamöl unterrühren. Die Füllung nun abkühlen lassen.

Die Teigblätter auf einer Oberfläche nebeneinander legen. Die Füllung gleichmäßig mit Hilfe eines Teelöffels darauf verteilen. Die Ränder mit Wasser anfeuchten. Dann den Teig so über die Füllung klappen, dass Halbkreise entstehen. Die Teigränder gut zusammendrücken.

Wenn man nun möchte, kann man mit dem Daumen seitlich in die gerade Seite der Täschchen drücken, um die sie zu knicken. Dadurch biegt sich gleichzeitig der Rand hoch. Jetzt die Enden zusammenführen und leicht übereinanderlegen. Die Teigenden gut zusammendrücken. Das ist aber nicht zwangsweise notwendig.

Anschließend den Boden eines Bambusdampfkorbes mit Öl bestreichen oder mit auf Korbgröße zugeschnittenem Backpapier auslegen. Die Dim Sum portionsweise hineinsetzen. Dampfkorb zugedeckt in einen mit wenig Wasser gefüllten Wok (oder auf einen passenden Topf) setzen.

Das Wasser aufkochen lassen und die Dim Sum bei mittlerer Hitze 8–10 Minuten dämpfen. Fertige Dim Sum mit einem feuchten Tuch abgedeckt im Ofen bei 50 °C warm stellen.

Für den Dip den Ingwer schälen, in feine Stifte schneiden und mit 6 EL Sojasauce mischen. Wer's scharf mag, schmeckt den Dip mit Srirachasauce ab. Mit den Dim Sum anrichten.

Tipp: Die Bambusdampfkörbe kann man ab 20€ kaufen. Sie eignen sich auch zu Dekorationszwecken.

Dim Sum mit Rosenkohl

Zutaten für 4 Portionen

Für die Füllung:
300 g Rosenkohl
2 Schalotten
1 Knoblauchzehe
20 g frischer Ingwer
1 EL Öl
4 EL Teriyakisauce
2 TL brauner Zucker

Für den Hefeteig:
250 g Mehl
30 g Zucker
2 TL Trockenhefe
Salz
1 EL Öl
Mehl zum Bearbeiten
1/2 TL Backpulver

Zubereitungszeit: 60 Minuten

Zubereitung

Für die Füllung den Rosenkohl putzen und vierteln. Schalotten, Knoblauch und Ingwer schälen und fein würfeln. Das Öl in einer Pfanne erhitzen. Schalotten, Knoblauch und Ingwer darin glasig dünsten. Rosenkohl, Teriyakisauce und 2 TL braunen Zucker zufügen und 10 Minuten bei milder Hitze garen. Dann alles auskühlen lassen.

Für den Hefeteig Mehl, Zucker, Trockenhefe, 1 Prise Salz, Öl und 120-150 ml lauwarmes Wasser in eine Schüssel geben und mit den Knethaken eines Handrührers zu einem geschmeidigen Teig verarbeiten. Zugedeckt an einem warmen Ort auf die doppelte Größe gehen lassen, das dauert circa 30 Minuten.

Aus Backpapier 12 kleine Quadrate (à 5x5 cm) ausschneiden. Den aufgegangenen Teig auf einer bemehlten Arbeitsfläche ausrollen, das Backpulver darüber streuen und den Teig noch einmal gründlich durchkneten. In 12 gleich große Stücke teilen und jeweils zu Fladen von etwa 10 cm Durchmesser formen, sodass sie genau auf das Backpapier passen. 1 gehäuften EL von der Füllung in die Mitte geben, mit dem Teig umhüllen und zu Kugeln formen. Mit der Nahtstelle nach unten auf ein Papierquadrat legen. Zugedeckt an einem warmen Ort weitere 30 Minuten gehen lassen.

Wasser in einem Wok zum Kochen bringen. Die Hefekugeln mit dem Backpapier in einen Bambusdämpfer legen, es sollte aber Abstand zwischen den Kugeln geben. In den Wok stellen und mit dem Bambusdeckel verschließen. Dim Sum zugedeckt über dem Wasserdampf 15 Minuten garen lassen.

Wichtig: Den Bambusdeckel während des Garens nicht entfernen, sonst fallen die Hefekugeln in sich zusammen. Das Backpapier entfernen und die Dim Sum sofort mit Soja- oder Teriyakisauce servieren.

Ente mit Mandeln und Morcheln

Zutaten für 4 Portionen

1 EL Reiswein	1 EL Cayennepfeffer
1 EL Rotwein	250 ml Gemüsesuppe
1 EL Sherry	1 EL Meersalz
1 Eiklar	4 EL Frühlingszwiebeln
3 EL Sojasauce	50 g Lauch
1 EL Sesamöl	40 g Morcheln aus dem Glas
2 EL Pfeffer	300 g Bambusscheiben aus der Dose
400 g Entenbrust	
etwas Speisestärke	50 g gehackte Mandeln

Zubereitungszeit: 30 Minuten

Zubereitung

Jeweils 1 EL Reiswein, Rotwein, Sherry, Sesamöl und Pfeffer mit dem Eiklar und 3 EL Sojasauce für die Marinade kräftig verrühren. Die Entenbrust in Scheiben schneiden und in die Marinade einlegen. Mindestens 30 Minuten ziehen lassen.

1 EL Pfeffer, den geschälten und klein geschnittenen Ingwer, Cayennepfeffer und die Gemüsesuppe miteinander vermischen. Die Speisestärke in ein wenig Wasser verrühren, bis sie aufgelöst ist und zu der Sauce hinzugeben. Mit Salz abschmecken.

Das Öl in einer Pfanne erhitzen und die Ente darin rundherum anbraten, bis sie medium rare ist. Wieder herausnehmen und ruhen lassen.

Die Frühlingszwiebeln und Lauch putzen und in dünne Ringe schneiden. Beides in der Pfanne mit dem übrig gebliebenen Öl anbraten. Die Morcheln und Bambusscheiben dazugeben und mitbraten. Die Sauce dazu gießen. Die Ente unter das Gemüse und die Sauce mischen, alles miteinander erwärmen. Am Ende mit 2 EL Sojasauce und den gehackten Mandeln garnieren.

Entenbrust mit Gemüse

Zutaten für 4 Portionen
4 Entenbrüste
200 g Champignons, geviertelt
1 rote Paprika und 1 gelbe Paprika
1 EL Sojasauce
2 EL Austernsauce
2 EL Teriyakisauce
1 EL Öl

Zubereitungszeit: 25 Minuten

Zubereitung

Die Entenbrüste waschen und vorsichtig abtupfen. Die Haut vorsichtig überkreuz einschneiden, sodass das Fleisch nicht eingeschnitten wird. Den Backofen auf 140° C vorheizen, dann die Ente auf der Fleischseite etwa 12 Minuten garen.

Herausnehmen und in einer Pfanne auf der Hautseite goldbraun nachbraten, zwischendurch einmal auf die Fleischseite legen. Dünn aufschneiden.

Die Paprika waschen und in Streifen schneiden. Die Pilze vorsichtig säubern und in Würfel schneiden. Das Öl in einer Pfanne erhitzen, das Gemüse darin anbraten. Mit der Sojasauce, Austernsauce und Teriyakisauce nach Belieben abschmecken und alles zusammen etwas einköcheln lassen.

Die Entenbrust auf dem Gemüse anrichten.

Dazu passt Salat, Reis oder Nudeln.

Fisch in Kokos – Würzsauce

Zutaten für 4 Portionen

20 g Ingwerwurzel
2 Knoblauchzehen
1 Chilischote
2 EL Öl
1 TL Kurkuma
400 ml Fischfond

400 ml Kokosmilch
4 EL Fischsauce
1 Stängel Zitronengras
800 g Fischfilet
2 Stiele Frühlingszwiebeln

Zubereitungszeit: 20 Minuten

Zubereitung

Den Ingwer schälen, die Knoblauchzehen abziehen. Die Chilischote waschen und entkernen oder wer es scharf mag, die Kerne nicht entfernen. Alles fein hacken.

Das Öl in einem Wok erhitzen. Knoblauch, Ingwer und 2/3 der Chilischote darin unter ständigem Rühren kurz anbraten. Kurkuma, Fischfond, Kokosmilch und Fischsauce hinzufügen. Alles einmal aufkochen lassen. Das Zitronengras putzen und in Stücke schneiden, zur Sauce beimengen und diese ohne Deckel ca. 5 Minuten bei mittlerer Hitze köcheln lassen.

Das Fischfilet in Stücke schneiden und in die Sauce legen. Zugedeckt bei milder Hitze ca. 8 Minuten gar ziehen lassen. Empfohlen wird das Zitronengras wieder zu entfernen, da ansonsten die Sauce zu bitter wird.

Die Frühlingszwiebeln putzen, in feine Ringe schneiden und mit der restlichen Chilischote über das fertige Gericht streuen.

Fischbällchen mit Curry-Kokos-Sauce

Zutaten für 4 Portionen

1 kg Seelachsfilet
Salz
Pfeffer
Zucker
1 EL Speisestärke
3 Schalotten
2 EL Öl
50 g gelbe Currypaste

1 EL Mehl
165 ml ungesüßte Kokosmilch
1 EL Sojasauce
2 kleine rote Chilischoten
4 Stiele Thaibasilikum
2 EL Sesam (z. B. schwarzer)
12 Holzspieße

Zubereitungszeit: 75 Minuten

Zubereitung

Den Fisch abspülen und sanft trocken tupfen, mit 1 TL Salz und 1/2 TL Pfeffer würzen. Den Fisch nun sehr fein hacken. 3 EL Wasser über den Fisch verteilen und solange weiterhacken, bis das Wasser eingearbeitet ist. Die Fischmasse ca. 2 Minuten kneten, dann zu einer Kugel formen. Die Kugel ca. 50-mal auf die Arbeitsfläche schlagen, dadurch bekommen die Bällchen später ihre besonders elastische Konsistenz. Die Speisestärke und 3 EL Wasser verrühren und mit der Kugel verkneten. Die Fischkugel zerteilen und zu kleinen Bällchen formen á ca. 3–4 cm Ø.

Einen Topf mit reichlich Salzwasser aufkochen. Die Bällchen darin bei schwacher Hitze 10–15 Minuten gar ziehen lassen, bis sie an der Oberfläche schwimmen. Dann herausnehmen.

Inzwischen die Schalotten schälen und fein würfeln. 2 EL Öl in einem Topf erhitzen. Schalotten darin andünsten, bis diese glasig sind. Die Currypaste und das Mehl hinzugeben und kurz anschwitzen. Mit 1/8 l Wasser und der Kokosmilch ablöschen. Einmal aufkochen und dann weitere 5 Minuten köcheln lassen. Mit 1 EL Sojasauce, etwas Pfeffer und Zucker abschmecken.

Chili waschen und mit den Kernen in Ringe schneiden. Diejenigen, die es nicht so scharf mögen, können den Chili auch entkernen. Das Thaibasilikum waschen und trocken schütteln, vorsichtig die Blättchen abzupfen. Die Fischbällchen auf Holzspieße stecken. Die Sauce gleichmäßig darüber gießen, mit Chili, Sesam und Thaibasilikum bestreuen. Dazu schmeckt Reis.

Fisch-Curry mit Ingwer-Vinaigrette

Zutaten für 6 Portionen

20 g frischer Ingwer
3 Knoblauchzehen
5 grüne Chilischoten
2 Frühlingszwiebeln
2 EL Limettensaft
2 EL Fischsauce
230 ml Geflügelfond
10 EL Öl
50 g kleine runde Bitterauberginen
200 g Thai-Spargel
100 g Thai-Brokkoliblätter mit
Stielen
2 Stiele Zitronengras
3 Kaffirlimettenblätter
1/2 Bund Petersilie
1/2 Bund Thai-Basilikum
Salz und Pfeffer
1 TL Garnelenpaste
1 TL Palmzucker
6 Steinbeißerfilets (à 60 g)
2 EL Speisestärke

Zubereitungszeit: 90 Minuten

Zubereitung

Für die Vinaigrette den Ingwer, 2 Knoblauchzehen, 3 Chilischoten und das Weiße und Hellgrüne der Frühlingszwiebeln sehr fein würfeln. Mit Limettensaft, Fischsauce, 3 EL Geflügelfond und 3 EL Öl verrühren.

Die Bitterauberginen waschen und abtropfen lassen. Dann sie rundherum mit einer Nadel einstechen und in lauwarmes Salzwasser legen. Vom Thai-Spargel nur die Enden abschneiden. Den Thai-Brokkoli waschen und abtropfen lassen. Die Blätter abschneiden, Stiele und Blätter grob zerschneiden.

Das Zitronengras putzen, die äußeren Blätter entfernen. Die inneren zarten Blätter grob zerschneiden. Die Stiele der übrigen Chilischoten abschneiden. Mit Zitronengras, übriger Knoblauchzehe, Salz, Kaffirlimetten-, Petersilien- und Basilikumblättern im Blitzhacker grob zerkleinern. Dann mit Garnelenpaste, Palmzucker und 3 EL Öl zu einer Paste mixen.

Die Fischfilets salzen und pfeffern. In einer beschichteten Pfanne 2 EL Öl bei starker Hitze erhitzen und die Filets auf beiden Seiten darin anbraten, dann von der Kochstelle nehmen. Die Auberginen abtropfen lassen und gut trockentupfen.

Das restliche Öl in einem Wok stark erhitzen. Spargel, Brokkolistiele und Auberginen darin scharf anbraten. Die Gewürzpaste zugeben und kurz mitrösten. Mit dem restlichen Fond aufgießen und 3-4 Minuten bei starker Hitze kochen. Die Speisestärke mit etwas kaltem Wasser vermischen, dann zur Sauce hinzugeben um sie zu binden. Brokkoliblätter und Fischfilets zugeben und 3-4 Minuten darin ziehen lassen. Anrichten und mit der Ingwer-Vinaigrette beträufeln. Dazu passt Jasminreis.

Fischfilet mit Kokoskruste

Zutaten für 3 Portionen
600 g Fischfilet
40 g Butter
60 g Kokosraspeln
15 g Ingwer
2 Knoblauchzehen
1 Limette
1 Peperoni

Zubereitungszeit: 15 Minuten

Zubereitung

Das Fischfilet waschen, sanft trocken tupfen und in eine Auflaufform legen. Den Ofen auf 180°C vorheizen.

Für die Kruste den Ingwer schälen und ganz fein hacken oder reiben. Die Knoblauchzehen ebenfalls schälen und hacken oder durchdrücken. Die Limette mit heißem Wasser abwaschen, dann die Schale der Limette abreiben. Die Peperoni waschen, die Kerne und das Gehäuse entfernen und klein würfeln. Ingwer, Knoblauch, Limettenschale und Peperoni mit der weichen Butter solange verkneten, bis ein formbarer Teig entsteht. Mit Salz und Pfeffer kräftig würzen. Bei Bedarf mit etwas Limettensaft und Zucker abrunden.

Die Kruste gleichmäßig auf dem vorbereiteten Fisch verteilen. Den Fisch bei 180°C ca. 20 Minuten überbacken. Die Garzeit richtet sich nach der Dicke der Fischfilets. Je nach Geschmack kann man am Ende noch ein paar Minuten den Grill zuschalten, damit die Kruste schön braun wird.

Fischfilet in Zitronengraskruste

Zutaten für 4 Portionen

150 g Duftreis
Salz
20 g frischer Ingwer
1 Knoblauchzehe
100 g grüne Bohnen
100 g Zuckerschoten
125 g kleine Maiskolben
1/2 Bund Frühlingszwiebeln

20 g Kokosraspel
2 TL Zitronengraspaste
4 Buntbarschfilets (à 150 g)
1 EL Zitronensaft
1 EL Öl
Pfeffer
3 EL süß-pikante Chilisauce

Zubereitungszeit: 40 Minuten

Zubereitung

150 g Reis in einem Sieb kalt abspülen und mit 400 ml Wasser und etwas Salz in einem Topf zum Kochen bringen. Danach im geschlossenen Topf bei schwacher Hitze 15 Minuten aufquellen lassen.

Den Ingwer schälen, den Knoblauch pellen und beides fein würfeln. Die Bohnen und Zuckerschoten putzen und schräg halbieren. Die Maiskolben ebenfalls schräg halbieren. Die Frühlingszwiebeln putzen und das Weiße und Hellgrüne in Ringe schneiden.

Die Kokosraspel, Zitronengraspaste und die Hälfte der Frühlingszwiebeln miteinander mischen, sodass eine Paste entsteht. Den Fisch abspülen, trockentupfen und mit Zitronensaft und Salz beträufeln. Die Fischfilets auf ein mit Backpapier ausgelegtes Backblech legen, die Zitronengraskruste auf den Filets gleichmäßig verteilen und leicht andrücken. Im vorgeheizten Backofen bei 180°C Umluft 8 Minuten garen lassen.

1 EL Öl in einem Topf erhitzen und darin den Knoblauch und Ingwer andünsten. Bohnen, Mais und 100 ml Wasser hinzufügen und bei mittlerer Hitze alles zusammen 5 Minuten dünsten. Die Zuckerschoten und restliche Frühlingszwiebeln in den Topf geben und weitere 5 Minuten dünsten. Mit Salz, Pfeffer und Chilisauce abschmecken. Den Fisch mit Reis und Gemüse servieren.

Fischfilet mit Pak Choi

Zutaten für 4 Portionen

125 ml Sojasauce	1 TL gemahlene Nelken
100 ml Sesamöl	1 TL Pfeffer
125 ml Weißwein	1 TL Sternanis
1 EL Ingwer	100 g Sojasprossen
1 EL Frühlingszwiebeln	100 g Rote Rüben aus der Dose
400 g Forellenfilets	1 EL Öl
200 g Pak Choi	1 EL Speisestärke
1 TL Szechuanpfeffer	

Zubereitungszeit: 25 Minuten

Zubereitung

Die Sojasauce, Sesamöl und Weißwein zu einer Marinade vermischen.

Die Fischfilets waschen und mit einem Küchentuch sanft trocknen. Mit dem Pfeffer, Szechuanpfeffer, Nelken und Sternanis bestreuen. Etwas Wasser in eine Pfanne geben und den Fisch hineinlegen. Die Hälfte der Marinade über den Fisch gießen und langsam garen lassen.

Den Pak Choi putzen. Rote Rüben in einem Sieb abtropfen lassen und klein schneiden. Die Sojasprossen waschen. Etwas Öl in einer Pfanne erhitzen und den Pak Choi, Rote Rüben und Sojasprossen darin andünsten. Das Gemüse auf einen Teller anrichten und den Fisch darauf anrichten.

Die restliche Marinade aufkochen. Die Speisestärke mit etwas kaltem Wasser vermischen und zur Bindung der Sauce benutzen. Die Sauce über Fisch und Gemüse gießen.

Frühlingsrollen

Zutaten für 8 Portionen

- 1 Paket TK-Frühlingsrollenteig (550 g)
- 100 g Glasnudeln
- 100 g Sojabohnenkeimlinge
- 300 g Weißkohl
- 2 Möhren
- 2 Lauchzwiebeln
- 150 g Champignons
- 30 g Ingwer
- 3–4 Stiele Koriander
- 250 g Schweinemett
- 2 EL Sojasauce
- 2 EL Fischsauce
- Salz
- Pfeffer
- 1 EL Speisestärke
- 1 L Pflanzenöl

Zubereitungszeit: 90 Minuten

Zubereitung

Den Frühlingsrollenteig antauen lassen. Die Glasnudeln 1–2 Minuten in heißes Wasser legen, bis sie weich sind. In einem Sieb abtropfen lassen, mit einer Schere kleiner schneiden. Die Sojabohnenkeimlinge waschen und ebenfalls abtropfen lassen. Vom Weißkohl die äußersten Blätter abreißen, den übrigen Kohl waschen. Die Möhren schälen und ebenso wie den Kohl in dünne Streifen schneiden. Die Lauchzwiebeln waschen und in dünne Ringe schneiden. Die Champignons vorsichtig säubern und fein hacken.

Den Ingwer schälen und fein reiben. Den Koriander waschen, trocken schütteln, die Blätter abzupfen und sie fein hacken. Das Schweinemett mit allen vorbereiteten Zutaten und der Soja- und Fischsauce verkneten, bis ein glatter Teig entsteht. Mit jeweils ca. 1 TL Salz und Pfeffer würzen.

Die Teigblätter so nebeneinander auslegen, dass eine Ecke des Blatts zum Körper zeigt. Je ca. 1 EL Füllung aufs untere Drittel eines Teigblattes geben. Das Blatt von unten über die Füllung schlagen.

Die beiden äußeren Ecken nach innen einschlagen, so fällt die Füllung nicht heraus. Die Speisestärke mit ca. 1 EL Wasser verrühren. Die Frühlingsrollen fest aufrollen und die obere Spitze des Blattes mit der angerührten Stärke festkleben. Fortfahren, bis alle Zutaten verbraucht sind.

1 l Öl in einem Topf auf 180°C erhitzen. Die Frühlingsrollen darin portionsweise 2–3 Minuten frittieren. Auf Küchenpapier abtropfen lassen. Dazu passen Asiasauce und Salatgurken.

Früchte-Sashimis mit Mandeln

Zutaten für 4 Portionen
150 g Jasminreis
Etwas Salz
100 g brauner Zucker
200 g Cantaloupe-Melone
200 g Wassermelone
200 g Honigmelone
200 g Ananas
6 EL Karamellsauce
60 g Mandelsplitter

Zubereitungszeit: 35 Minuten

Zubereitung

Den Reis abspülen und mit 300ml Wasser, Salz und 100 g braunen Zucker zum Kochen bringen. Auf kleiner Flamme unter ständigem Rühren aufquellen lassen. Dann zur Seite stellen und abkühlen lassen.

Die Melonen und die Ananas schälen und in kleine, dünne Scheiben schneiden. Die Hälfte davon kalt stellen. Die andere Hälfte fein pürieren und dann ebenfalls kalt stellen.

Die Reismischung noch lauwarm zu kleinen Sushi-Reisbällchen formen. Die Früchtescheiben darauf gleichmäßig verteilen. Mit der Karamellsauce bestreichen.

Die Mandelsplitter in einer Pfanne auf mittlerer Hitze sanft anrösten und auf die Sashimis streuen. Mit dem Früchtepüree servieren.

Garnelenomelett

Zutaten für 2 Portionen

200 g Kohlrabi
5 EL Sojasauce
4 EL schwarzer chinesischer Reisessig
1 1/2 EL Sesamöl
Pfeffer
6 Eier
2 EL Reiswein oder Sherry
1 TL Five-Spice-Gewürz

3 EL Sweet-Chili-Sauce
Salz
2 Frühlingszwiebeln
20 g frischer Ingwer
1 Knoblauchzehe
4 EL Öl
100 g Bio-Garnelen (roh, ohne Kopf und Schale)

Zubereitungszeit: 45 Minuten

Zubereitung

Den Kohlrabi schälen und in feine Stifte scheiden oder raspeln. 4 EL Sojasauce, 4 EL Essig und 1 EL Sesamöl miteinander verquirlen. Den Kohlrabi unter mischen und alles mit Pfeffer würzen. Mindestens 20 Minuten ziehen lassen.

Die Eier mit restlichem Sesamöl, Reiswein, restlicher Sojasauce und Five-Spice-Gewürz mischen, kurz verquirlen und durch ein feines Sieb gießen. 1 EL Sweet-Chili-Sauce untermischen und kräftig mit Salz würzen.

Die Frühlingszwiebeln putzen, das Weiße und Hellgrüne schräg in dünne Scheiben schneiden. Ingwer und Knoblauch schälen und fein hacken.

Je 2 EL Öl in 2 beschichtete Pfannen erhitzen. Jeweils die Hälfte von Ingwer und Knoblauch darin glasig dünsten. Die Eimischung gleichmäßig auf beide Pfannen verteilen und mit je der Hälfte der Frühlingszwiebeln und Garnelen belegen und mit je 1 EL Chilisauce beträufeln. Bei milder Hitze 8-10 Minuten zugedeckt stocken lassen.
Man kann auch nur eine Pfanne benutzen und die Omeletts hintereinander machen.

Mit dem Kohlrabisalat servieren.

Garnelen-Tortellini

Zutaten für 4 Portionen
30 TK-Wan Tan-Blätter
6 Garnelen (à 20 g, roh, ohne Kopf und Schale)
1/2 TL Knoblauch
1 TL Ingwer
1 TL Sambal Oelek
200 g gemischtes Hack
Öl

Zubereitungszeit: 45 Minuten

Zubereitung

30 TK-Wan Tan-Blätter auftauen lassen. Die 6 Garnelen zerkleinern. Den Knoblauch und Ingwer schälen und klein hacken. Knoblauch, Ingwer, 1 TL Sambal Oelek und 200 g gemischtes Hack zu den Garnelen geben und alles zu einer cremigen Füllung pürieren.

Die Wan Tan-Blätter nebeneinanderlegen, die Ränder sorgfältig mit Wasser bestreichen. Auf die Mitte jedes Wan Tan-Blatts ca. 1 TL der Füllung geben. Die Teigblätter zu Dreiecken falten und die Ränder fest andrücken. Die Spitze des Dreiecks zur langen Seite klappen. Die Enden der langen Seite übereinanderlegen und fest andrücken.

Reichlich Öl in einer tiefen Pfanne erhitzen und die Garnelen-Tortellini darin 3-4 Minuten goldgelb ausbacken. Mit einer Schaumkelle herausnehmen und kurz abtropfen lassen. Dazu passt Sojasauce.

Gefüllte Aubergine mit Tamarindensauce

Zutaten für 4 Portionen

50 g Knoblauch
Etwas Öl
2 Auberginen
1 TL Zitronensaft
Etwas Meersalz
4 Kartoffeln
200 g grüne Bohnen
100 g rote Bohnen aus der Dose
1 EL Sesamöl

100 g Tamarindenpaste
2 Eidotter
6 EL Nussöl
2 EL Senf
125 ml Weißweinessig
1 EL brauner Zucker
2 EL gehackter Kerbel
etwas Gemüsesuppe
1 EL grüner Chili

Zubereitungszeit: 55 Minuten

Zubereitung

Frische Knoblauchzehen schälen und in dünne Scheiben schälen. Etwas Öl in einer Pfanne erhitzen und den Knoblauch darin anbraten. Aus der Pfanne herausnehmen und auf einem Küchenpapier abtropfen lassen.

Die Auberginen waschen, halbieren und mit etwas Öl beträufeln. Im vorgeheizten Backofen für 20 Minuten bei 175 Grad backen. Dann das Fruchtfleisch aus der Schale löffeln, möglichst ohne die Schale dabei zu zerstören. Das Fruchtfleisch klein schneiden und mit Zitronensaft und Meersalz vermischen. Wieder in die Auberginen zurück füllen.

Die Kartoffeln mit der Schale in einem Topf mit Salz ca.15 Minuten kochen, sodass sie noch bissfest sind. Dann noch warm in Würfel schneiden. Die grünen Bohnen waschen und die Enden abschneiden. In heißem Wasser kurz blanchieren. Die roten Bohnen waschen und in einem Sieb abtropfen lassen.

In einer Pfanne das Sesamöl erhitzen. Die Kartoffeln, die grünen und die roten Bohnen darin anbraten. Das Gemüse ebenfalls in die Auberginenhälften Füllen.

Den Eidotter schaumig schlagen. Nach und nach 6 EL Nussöl und 100 g Tamarindenpaste unterrühren. Dann Senf, Weißweinessig, Zucker, Kerbel, Pfeffer und gehackten Chili hinzufügen. Alles glatt rühren und abschmecken.

Die Auberginen mit dem getrockneten Knoblauch und der Tamarindensauce garnieren.

Gefüllte Klößchen

Zutaten für 4 Portionen

Für die Füllung:
400 g Weißkohl
Salz
400 g Schweinefilet
30 g frischer Ingwer
3 Frühlingszwiebeln
1 TL Zucker
4 EL helle Sojasauce
3 EL Reiswein oder Sherry
1 EL Sesamöl

Für den Teig:
550 g Mehl
Mehl zum Bearbeiten
Zum Dippen:
Sweet-Chili-Sauce
Pflaumensauce
chinesischer schwarzer Essig (mit etwas Sesamöl verrührt)

Zubereitungszeit: 180 Minuten

Zubereitung

Für den Teig das Mehl in eine Schüssel geben. Nach und nach 400 ml heißes Wasser mit dem Knethaken des Handrührers unterrühren, bis das Mehl das Wasser vollständig aufgenommen hat und ein fester Teig entstanden ist. Den Teig 4-5 Minuten weich kneten, mit einer Prise Mehl bestäuben, mit einem Tuch bedecken und etwa 30 Minuten ruhen lassen.

Für die Füllung die Weißkohlblätter vom Strunk lösen und in kochendem Salzwasser 2-3 Minuten garen, bis sie weich sind. In ein Sieb kalt abspülen, abtropfen lassen und mit einem Küchenpapier trockentupfen. Dann fein hacken. Das Schweinefilet waschen und ebenfalls fein hacken. Den Ingwer schälen und in grobe Stücke reiben. Die Frühlingszwiebeln putzen, das Weiße und Hellgrüne fein hacken. Den Weißkohl mit allen restlichen Zutaten für die Füllung mischen.

Den Teig vierteln und die jeweiligen Teigstücke auf einer bemehlten Arbeitsfläche zu einer langen dünnen Rolle (ca. 3 cm Ø) formen. Jede Rolle in ca. 15 Stücke schneiden. Die Stücke flach drücken und zu dünnen Kreisen (ca. 6 cm Ø) ausrollen.

In die Mitte jedes Kreises 1/2 EL von der Füllung geben. Die Kreise zu Halbkreisen zusammenklappen und die Ränder fest zusammendrücken. Die Klößchen auf eine bemehlte Fläche nebeneinander legen und sofort mit einem Küchentuch bedecken, bis alle Klöße gefüllt sind.

4 l Wasser in einem großen Topf aufkochen. Portionsweise die Klößchen hineingeben. Das Wasser zugedeckt zum Kochen bringen, dann sofort 100 ml kaltes Wasser zugießen und nochmals zum Kochen bringen. Den Vorgang noch zweimal wiederholen, dann sind die Klößchen gar und haben die richtige Konsistenz. Die Klößchen mit einer Schaumkelle vorsichtig aus dem Wasser heben, abtropfen lassen und auf einer Platte anrichten. Solange wiederholen, bis alle Klößchen gar sind. Heiß mit einer Sweet-Chili-Sauce, Pflaumensauce und schwarzem Essig servieren.

Gegrillter Thunfisch mit asiatischem Gemüsesalat

Zutaten für 4 Portionen

4 Thunfischsteaks	**Für den Salat:**
Für die Marinade:	200g Brokkoli
3 EL Sojasauce	100 g Weißkohl
1/2 Saft einer Limette	2 Möhren
1 EL Reisessig	50 g Sojasprossen
1 TL Öl	**Für das Dressing:**
1 TL Ingwer	1 EL Ingwer
1 Knoblauchzehe	1 Knoblauchzehe
1/4 TL Chili-Paste	100 ml Kokosmilch
1/2 Kopf Salat	1 EL Koriander
	4 Frühlingszwiebeln

Zubereitungszeit: 45 Minuten

Zubereitung

Den Knoblauch schälen und ganz fein pressen. Die Limette auspressen, den Salat waschen und den Ingwer schälen und fein hacken. Die Sojasauce, den halben Saft einer Limette, Reisessig, Öl, 1 TL Ingwer, 1 Knoblauchzehe und die Chili-Paste gründlich miteinander vermischen.

Die Thunfischsteaks gleichmäßig verteilt in der Marinade einlegen und für 1 Stunde im Kühlschrank marinieren lassen. Alle Viertelstunde die Steaks wenden und die Marinade darüber gießen, damit die Marinade richtig einwirken kann.

Den Salat waschen. Brokkoli waschen und die Brokkoliröschen abteilen und zerkleinern. Den Weißkohl waschen und klein schneiden. Die Möhren schälen, in Stifte schneiden. Die Frühlingszwiebeln putzen und in feine Ringe schneiden. Die Sojasprossen waschen und in einem Sieb abtropfen lassen.

In einem Wok oder kleinen Topf die Frühlingszwiebeln, Sojasprossen, Möhren und Brokkoli mit Ingwer und der restlichen Knoblauchzehe darin einige Minuten anbraten. Dann die Kokosmilch dazugeben und kurz vor dem Aufkochen vom Feuer nehmen, den fein gehackten Koriander untermischen, vom Herd nehmen und abkühlen lassen. Den Weißkohl kurz in kochendem Wasser blanchieren, abtropfen lassen und beiseite stellen.

Den Thunfisch wieder auf Raumtemperatur bringen. Auf vorgeheiztem Grill 3-4

Minuten auf jeder Seite grillen, dabei immer wieder mit der Restmarinade bestreichen. Den Weißkohl, Salat und das Pfannengemüse miteinander vermischen und mit dem gegrillten Thunfisch anrichten.

Gemüse-Chop-Suey

Zutaten für 2 Portionen

200 g Mungobohnensprossen	1 EL Sherry
100 g Bambussprossen aus der Dose	2 TL Reisessig
1 rote Paprika	1/2 TL brauner Zucker
2 Stangen Staudensellerie	1/2 Bund Petersilie
1 Zwiebel	1 EL Öl
5 EL Gemüsebrühe	Salz
2 EL Sojasauce	Pfeffer
	40 g Cashewkerne

Zubereitungszeit: 30 Minuten

Zubereitung

Die Mungobohnensprossen und Bambussprossen waschen und abtropfen lassen. Die Bambussprossen in breite Streifen schneiden. Die Paprika waschen, entkernen und in Streifen schneiden. Den Staudensellerie waschen und in Scheiben schneiden. Die Zwiebel schälen und würfeln.

Die Gemüsebrühe mit der Sojasauce, Sherry, Essig und Zucker miteinander verrühren. Die Petersilie waschen und die Blätter abzupfen.

Das Öl in einer Pfanne erhitzen. Die Paprika, Sellerie und Zwiebel kurz darin anbraten. Die Bohnen- und Bambussprossen dazugeben und alles kurz bei starker Hitze braten.

Die Würzsauce einrühren und aufkochen. Falls die Sauce zu flüssig ist, kann man etwas Bindemittel einrühren. Mit Salz und Pfeffer würzen. Die Petersilie und Cashewkerne über das Gemüse streuen.

Gemüse in Reispapier

Zutaten für 4 Portionen

8 Blatt Reispapier	**Für den Vietnamesischen Dip:**
1 Avocado	1 EL Zucker
50 g Glasnudeln	1 EL Limettensaft
1 Karotte	1 EL Wasser
1 Gurke	1/2 EL Sojasauce
	1 Knoblauchzehe
	1/2 Chili

Zubereitungszeit: 20 Minuten

Zubereitung

Die Avocado entkernen und in 8 Teile schneiden. Die Glasnudeln in einer Schüssel mit kaltem Wasser für kurze Zeit einweichen lassen. Die Karotte und die Gurke schälen und jeweils in Streifen schneiden.

Das Reispapier kurz in kaltes Wasser tauchen und dann auf einen Teller oder ein spezielles Reispapier-Abtropfsieb legen, bis es komplett durchgeweicht ist. Fühlt sich das Reispapier noch zu nass an, mit einem Krepptuch etwas abtrocknen.

Die Gemüsestreifen und die Glasnudeln mittig auf die untere Hälfte des Reispapiers legen und die Seiten umschlagen. Dann das Reispapier zu einer Rolle rollen.

Den Zucker, Limettensaft, 1 EL Wasser und Sojasauce miteinander verrühren. Mit Knoblauch und Chili abschmecken. Den Dip zu den Reisrollen servieren.

Gebeizte Lachsforelle mit asiatischem Gemüsesalat

Zutaten für 4 Portionen

750 g Lachsforellenfilet
6 g Sternanis
3 g Wacholderbeeren
2 Lorbeerblätter
2 Thymianzweige
5 g Fenchelsamen
200 g Meersalz
130 g brauner Zucker
5 g Korianderkörner
5 g Piment
1 Gewürznelke
3 g Pfeffer
3 g Senfkörner

1 Artischocke
4 Schalotten
weiteres Gemüse nach Wahl
(Paprika, Zucchini, Aubergine,
Tomaten, Champignons uvm.)
Etwas weißer Balsamicoessig
1 Rosmarinzweig
Etwas Zitronenthymian
1 Knoblauchzehe
4 Orangenfilets
4 Limettenfilets
etwas Basilikum

Zubereitungszeit: 40 Minuten

Zubereitung

Sternanis, Wacholderbeeren, Lorbeerblätter, Thymian, Fenchelsamen, Salz, Zucker, Korianderkörner, Piment, Nelke, Pfeffer und Senfkörner miteinander vermischen. Den Lachs in der Gewürzmischung wälzen, sodass er komplett bedeckt und alles gleichmäßig verteilt ist. Den Fisch in Klarsichtfolie einwickeln und mit einem Brett beschweren. Für 12 Stunden kalt stellen. Dann mit kaltem Wasser abwaschen und vorsichtig trocken tupfen.

Die Artischocke, Schalotten und das weitere Gemüse waschen, nach Bedarf schälen und in Stücke schneiden. Gemüse mit langen Garzeiten, wie die Artischocke, vorher kurz abkochen.

1 EL Olivenöl in einer Pfanne erhitzen und das gesamte Gemüse darin anbraten. Die geschälte und zerdrückte Knoblauchzehe, Rosmarin und Zitronenthymian untermischen. Alles herausnehmen, abtropfen lassen und mit etwas Salz, Pfeffer, Balsamicoessig und dem restlichen Olivenöl würzen.

Den Lachs in 4 Stücke schneiden und mit Frischhaltefolie abgedeckt im vorgeheizten Backofen bei 70 Grad 10 Minuten backen. Die Orangen- und Limettenfilets mit dem Basilikum mischen. Den Fisch zusammen mit dem Gemüse und den Zitrusfrüchten anrichten.

Geschmorte Mini-Paksoi

Zutaten für 10 Portionen
5 Mini-Paksoi
1 rote Pfefferschote
100 g Shiitakepilze
4 EL Öl
2 EL helle Sojasauce
3 EL Reiswein oder Sherry
150 ml Hühnerbrühe
1 TL Speisestärke

Zubereitungszeit: 30 Minuten

Zubereitung

Den Paksoi waschen und längs halbieren. Die Pfefferschote längs halbieren, entkernen und schräg in schmale Streifen schneiden. Die Shiitakepilze putzen.

Das Öl im Wok erhitzen. Pfefferschoten und Pilze darin 2-3 Minuten braten. Mit Sojasauce, Reiswein und Hühnerbrühe auffüllen. Den Paksoi mit der Schnittfläche nach unten zugeben. Zugedeckt bei mittlerer Hitze 3-4 Minuten schmoren.

Die Speisestärke mit 4 EL kaltem Wasser verrühren. Den Paksoi-Sud vorsichtig in einen kleinen Topf abgießen. Paksoi zugedeckt beiseite stellen. Den Sud aufkochen, mit der Stärke binden und über den Paksoi gießen. Sofort servieren.

Geschmortes Thai-Gemüse

Zutaten für 6 Portionen

400 g Wasserspinat (Morning Glory)
400 g Baby-Paksoi
30 g frischer Ingwer
3 EL Erdnussöl
2 EL Austernsauce
1 EL Sojasauce
1 EL Sherry
1 Prise Zucker
100 ml Geflügelfond
1 TL Speisestärke
Pfeffer

Zubereitungszeit: 35 Minuten

Zubereitung

Den Wasserspinat und Baby-Paksoi putzen, gründlich waschen und in einem Sieb abtropfen lassen. Den Ingwer schälen und fein würfeln.

Das Öl im Wok erhitzen und das Gemüse darin 1-2 Minuten unter Rühren anbraten. Ingwer, Austern-, Sojasauce, Sherry und 1 Prise Zucker zugeben und mit dem Geflügelfond ablöschen. Zugedeckt 3-4 Minuten garen. Die Speisestärke in etwas kaltem Wasser auflösen und die Sauce leicht binden. Vor dem Servieren mit Pfeffer würzen.

Glasiertes Kalbfleisch mit Walnüssen und Spargel

Zutaten für 4 Portionen

250 ml Pflanzenöl
5 EL Speisestärke
4 EL Reisessig
8 EL Sojasauce
400 g Kalbsfilet
200 g weißer Spargel
200 g grüner Spargel
50 g Walnüsse
50 g Zwiebeln

20 g Knoblauch
1 EL Sesamöl
1 EL brauner Zucker
250 ml Hühnersuppe
2 EL Koriander
1 Chili
4 EL Reiswein
1 Limette

Zubereitungszeit: 35 Minuten

Zubereitung

Das Pflanzenöl, Speisestärke, Reisessig und 4 EL Sojasauce miteinander verrühren. Das Kalbfleisch waschen und in Würfel schneiden. Das Fleisch in der Marinade für 6 Stunden ziehen lassen.

Die Zwiebeln und Knoblauch schälen und klein schneiden. Die Chilischote waschen und in Ringe schneiden. Wer es gerne scharf mag, der kann die Kerne drinnen lassen. In einem Wok das Sesamöl erwärmen und Zwiebeln und Knoblauch darin anrösten.

Den Zucker, 4 EL Sojasauce, Hühnersuppe, gehackte Korianderblätter und Chili beimengen und alles aufkochen lassen. Den Reiswein mit der Speisestärke vermischen und zur Sauce hinzugeben. Die Limette auspressen und den Saft beimengen.

Etwas Öl in einer anderen Pfanne erwärmen und das Kalbsfilet anbraten. Den Spargel schälen und kurz blanchieren, sodass der Spargel immer noch knackig ist. Die Walnüsse klein hacken. Das Fleisch, Spargel und Walnüsse unter die Sauce rühren und alles nochmals kurz aufkochen lassen.

Grünes Asiagemüse mit Mienudeln

Zutaten für 4 Portionen

500 g Brokkoli	3 EL Öl
500 g TK-grüne-Bohnen	425 m Kokosmilch
Salz	5 EL Limettensaft
250 g Mienudeln	5 EL Sojasauce
200 g Pak Choi	3 TL Sambal Oelek
2 Knoblauchzehen	1 Bund Koriander
2 EL Sesam	

Zubereitungszeit: 30 Minuten

Zubereitung

Brokkoli waschen und in Röschen teilen. In einem Topf Wasser mir Salz zum Kochen bringen, die Bohnen darin ca. 5 Minuten kochen. Dann den Brokkoli ca. 3 Minuten mit garen. Das Wasser abgießen und das Gemüse mit kaltem Wasser abschrecken. Die Mienudeln ebenfalls in kochendem Salzwasser nach Packungsanweisung zubereiten.

Pak Choi waschen und in breite Streifen schneiden. Den Knoblauch schälen, fein hacken.

Den Sesam in einer Pfanne ohne Öl rösten, dann aus der Pfanne nehmen. Dann in der Pfanne das Öl erhitzen. Bohnen, Brokkoli, Pak Choi und Knoblauch darin anbraten. Kokosmilch, Limettensaft, Sojasauce und Sambal Oelek zugeben, aufkochen. Den Koriander waschen und die Blätter abzupfen.

Mit Nudeln unters Gemüse heben, nochmals alles erhitzen. Mit Sesam bestreuen und servieren.

Grüntee-Crème-brûlée

Zutaten für 6 Portionen

Für die Crème brûlée:
40 g frischer Ingwer
80 g Zucker
400 ml Schlagsahne
5 Beutel Grüner Tee Zitrone
2 Eier
300 g Crème fraîche
2 Eigelbe

Für die Blätterteigschnitten:
2 rechteckige TK-Blätterteig-Platten
(à 75 g)
2 EL gehackte Haselnüsse
Hagebuttenmark

Zubereitungszeit: 90 Minuten

Zubereitung

Den Ingwer schälen und in dünne Scheiben schneiden. 40 g Zucker, Ingwer und Sahne zusammen in einem Topf kurz aufkochen. Dann den Topf von der Kochstelle nehmen. Die Teebeutel dazugeben und 6 Minuten ziehen lassen. Die nun entstandene Tee-Sahne durch ein Sieb gießen. Eier, Eigelbe und den Crème fraîche miteinander verrühren. Die Tee-Sahne unterheben, alles gründlich verrühren.

Die Tee-Sahne-Mischung in 6 feuerfeste Förmchen (à 140 ml Inhalt) füllen und in ein tiefes Ofenblech oder eine große Auflaufform stellen. So viel heißes Wasser in das Backblech gießen, dass die Förmchen bis zur Hälfte im Wasser stehen. Den Backofen 160° C (keine Umluft) vorheizen. Die Crème auf der untersten Schiene in 50 Minuten fest werden lassen. Dann für 8-10 Stunden, am besten über Nacht, kalt stellen.

Den Blätterteig langsam auftauen lassen. Die Blätterteigplatten mit den gehackten Haselnüssen bestreuen und sie leicht andrücken. Dann die Blätterteigplatten jeweils quer in 8 gleich große Streifen schneiden. Die Blätterteigstreifen im Abstand von 1-2 cm nebeneinander auf ein mit Backpapier belegtes Backblech legen. Mit Backpapier abdecken und mit einem anderen Backblech oder einer großen Pfanne oder Auflaufform beschweren. Im vorgeheizten Backofen bei 180° C Umluft 15-20 Minuten backen. Aus dem Ofen nehmen und abkühlen lassen.

Die Crème mit den restlichen 40 g Zucker gleichmäßig bestreuen und am besten mit einer Lötlampe goldbraun abflämmen, bis der Zucker hellbraun karamellisiert. Sobald der Karamell abgekühlt ist, bildet er eine knusprige

Schicht. Innerhalb von 30 Minuten servieren, damit die Karamellschicht nicht aufweicht. Die Haselnuss- Blätterteigstreifen mit etwas Hagebuttenmark bestreichen und mit der Grüntee-Crème-brûlée servieren.

Grünteesuppe serviert in der Papaya mit Fleischbällchen

Zutaten für 4 Portionen

300 g Schweinehackfleisch	1 TL Speisestärke
2 EL Ingwer	1 L Gemüsesuppe
2 EL Sojasauce	4 EL Grünteepulver
1 Prise Meersalz	500 g Rettich
1 EL Sesamöl	1 EL Pfeffer
8 Shiitakepilze	4 EL Schnittlauch
1 Ei	1 Handvoll Koriandergrün

Zubereitungszeit: 40 Minuten

Zubereitung

Die Papayas waschen, halbieren, entkerne und das Fleisch mit einem kleinen Löffel eng an der Wand herausschaben. Das Fruchtfleisch klein schneiden.

Den Ingwer schälen und in kleine Würfel schneiden. Die Shiitakepilze putzen und in Streifen schneiden. Ingwer, Pilze, Sojasauce, etwas Salz, Sesamöl und das Ei mit dem Hackfleisch verkneten. Die Speisestärke dazu geben und alles zu kleinen Bällchen formen. Für ca. 20 Minuten in den Kühlschrank stellen.

Den Rettich schälen und in Würfel schneiden. In einem Topf die Gemüsesuppe mit dem Grünteepulver und dem Rettich und Papayafleisch aufkochen. Mit Meersalz und Pfeffer fein abschmecken.

Die Fleischbällchen zu der Suppe geben und alles 10 Minuten auf kleiner Hitze köcheln lassen.

Schnittlauch und Koriander hacken und über die Suppe streuen. Die Suppe in die ausgehöhlten Papayas einfüllen.

Gurkensalat mit Sesam-Garnelen

Zutaten für 4 Portionen

1 Salatgurke
Salz
2–3 EL geschälte Sesamsaat
20 rohe Garnelen (à 20 g; ohne Kopf, in Schale)
2 rote Zwiebeln
2 rote Chilischoten
3 EL Weißwein-Essig
Salz
Pfeffer
Zucker
4 EL Öl
1/2 Topf Koriander
2 EL Chilisauce
kleine Holzspieße

Zubereitungszeit: 45 Minuten

Zubereitung

Die Gurke waschen und in Scheiben schneiden. Die Gurkenscheiben mit 1/2 TL Salz vermengen, ca. 30 Minuten ziehen lassen. Den Sesam langsam in einer Pfanne ohne Fett goldbraun rösten, herausnehmen und abkühlen lassen. Garnelen, bis auf die Schwanzflosse, schälen und den Darm entfernen. Die Garnelen waschen und trocken tupfen.

Essig mit Salz, Pfeffer und Zucker verquirlen, 3 EL Öl darunter schlagen. Den Koriander waschen, trocken schütteln, die Blättchen von den Stielen zupfen und grob hacken. Koriander und Chilisauce unter die Vinaigrette rühren.

Die Zwiebeln schälen und in Streifen schneiden. Die Chilischoten putzen, entkernen und in Ringe schneiden. Die Gurkenscheiben abspülen und abtropfen lassen. Gurke, Zwiebeln, Chilischote und Vinaigrette in einer Schüssel vermengen.

1 EL Öl in einer großen Pfanne erhitzen. Garnelen darin unter Wenden 3–4 Minuten braten, mit Salz und Pfeffer würzen, herausnehmen und sofort im Sesam wenden. Die Garnelen auf die Holzspieße stecken. Den Salat mit den Garnelen anrichten.

Hähnchen-Süßkartoffel-Curry

Zutaten für 4 Portionen

425 ml Kichererbsen
500 g Süßkartoffeln
2 Zwiebeln
1 Knoblauchzehe
400 g Hähnchenfilet
2 EL Mandelblättchen
3 EL Öl

2 TL rote Currypaste
800 ml ungesüßte Kokosmilch
3 EL Limettensaft
Salz
75 g Babyspinat
8 Stiele Koriander

Zubereitungszeit: 30 Minuten

Zubereitung

Die Kichererbsen in einem Sieb abspülen und abtropfen lassen. Die Süßkartoffeln schälen und würfeln. Zwiebeln und Knoblauch schälen und fein schneiden. Das Hähnchenfilet waschen, trocken tupfen und in Streifen schneiden.

Die Mandelblättchen in einer Pfanne ohne Öl sanft rösten, dann herausnehmen. Das Öl in der Pfanne erhitzen. Fleisch und Süßkartoffeln darin kräftig anbraten. Die Currypaste, Zwiebeln und Knoblauch hinzufügen, kurz mitbraten. Kokosmilch, Limettensaft und 1/2 TL Salz zugeben und alles nochmals aufkochen lassen.

Zugedeckt ca. 10 Minuten köcheln lassen. Den Spinat und Koriander waschen, grob hacken und unterheben. Mit den Mandelblättchen bestreuen.

Dazu passt sehr gut Couscous.

Indischer Biryani-Reis

Zutaten für 6 Portionen

250 g Basmatireis	Salz
200 g fest kochende Kartoffeln	60 g Currypaste
600 g Blumenkohl	1 Zimtstange
200 g Zwiebeln	200 g TK-Erbsen
20 g frischer Ingwer	0,1 g Safranfäden
40 g Mandelblättchen	150 g griechischer Sahnejoghurt
5 EL Ghee (oder Butterschmalz)	(10 %)
6 Kapseln Kardamom	1 Bund Koriandergrün

Zubereitungszeit: 45 Minuten

Zubereitung

Den Basmatireis in kaltem Wasser gründlich abwaschen. In einem Topf mit Wasser bedecken und 20 Minuten einweichen lassen. Die Kartoffeln schälen, in 2 cm große Würfel schneiden, abwaschen und ebenfalls mit kaltem Wasser bedecken. Den Blumenkohl putzen, vom Strunk schneiden und in kleine Röschen teilen. 1 Zwiebel und den Ingwer schälen. Zwiebel würfeln, während der Ingwer fein gehackt wird.

Die Mandelblättchen in einer Pfanne ohne Fett goldbraun rösten und auf einem Teller abkühlen lassen. 2 EL Ghee in die Pfanne geben. Zwiebelwürfel und Ingwer darin bei milder Hitze solange dünsten, bis die Zwiebeln glasig sind.

Inzwischen die Kardamomkapseln aufbrechen und die Samen im Mörser zerstoßen. Abgetropfte Kartoffeln und Blumenkohl zu den Zwiebeln in die Pfanne geben, 2-3 Minuten mitbraten und salzen. Currypaste, Kardamom, Zimtstange und 200 ml kochend heißes Wasser zugeben. Zugedeckt bei milder Hitze 10 Minuten leicht köcheln lassen. Die Erbsen unter die Kartoffeln mischen und weitere 5 Minuten dünsten.

Inzwischen den Reis in reichlich kochendem Salzwasser 5 Minuten kochen lassen, abgießen und abtropfen lassen.

Den Safran in 4 EL kochend heißem Wasser einweichen. Den griechischen Joghurt mit der Gemüsemischung vermischen und in einer ofenfesten Form gleichmäßig verteilen. Erst die Mandelblättchen, dann den Reis draufgeben und mit dem Safranwasser beträufeln. Den Backofen auf 180° C (kein Umluft) vorheizen. Die Backofenform abdecken und 40 Minuten garen lassen.

Die restlichen Zwiebeln schälen und in 1/2 cm dicke Scheiben schneiden. In 3 EL Ghee goldbraun ausbacken, sodass sie zu Röstzwiebeln werden. Den Koriander waschen, trocken schütteln und mit den zarten Stielen grob hacken. Den Reis mit Röstzwiebeln und Koriander verziert anrichten.

Indisches Nudelcurry

Zutaten für 4 Portionen

300 g Bandnudeln
Salz
400 g Brokkoli
2 Zwiebeln
2 EL Öl
2 TL scharfes Currypulver

2 TL Kurkuma
100 g rote Linsen
400 ml Gemüsebrühe
200 g Vollmilchjoghurt
2 TL Mehl
Pfeffer

Zubereitungszeit: 20 Minuten

Zubereitung

In einem Topf Wasser zum Kochen bringen, salzen und die Bandnudeln nach Packungsanweisung kochen. Brokkoli putzen und in kleine Röschen teilen. 3 Minuten vor Ende der Garzeit zu den Nudeln geben, aufkochen und zusammen zu Ende garen. Wasser abgießen und abtropfen lassen.

Die Zwiebeln schälen und fein würfeln. Das Öl in einem Wok erhitzen, die Zwiebeln darin anbraten. Curry und Kurkuma darüber stäuben und kurz mitbraten. Die Linsen abspülen und dann zu den Zwiebeln mischen. 400 ml Gemüsebrühe zugießen. Zugedeckt bei kleiner Hitze alles ca. 5 Minuten garen.

Den Joghurt mit dem Mehl verrühren, unter die Linsen heben, aufkochen und zugedeckt weitere 5 Minuten garen. Die Linsen mit Salz und Pfeffer abschmecken und mit den Brokkoli-Nudeln mischen.

Ingwer-Limetten-Huhn mit Litschis

Zutaten für 4 Portionen

300 g Hühnerfilet	2 Frühlingszwiebeln
2 EL Speisestärke	2 EL Reiswein
3 EL Öl	2 EL Sojasauce
4 Limetten	Etwas Pfeffer
8 Litschis (vorzugsweise frisch, außerhalb der Saison aus der Dose)	1 Handvoll Basilikum
	100 g Basmatireis

Zubereitungszeit: 20 Minuten

Zubereitung

Das Hühnerfilet waschen, trocken tupfen und in Streifen schneiden. 1 EL Speisestärke gleichmäßig über das Filet streuen. 2 EL Öl in einer Pfanne erhitzen und das Huhn darin anbraten. Das Fleisch herausnehmen und rasten lassen.

Die Limetten und Litschis schälen und das Fruchtfleisch herausnehmen und klein schneiden. Die Frühlingszwiebeln putzen, das Weiße und Grüne in Ringe schneiden. Das restliche Öl in die Pfanne geben und Limetten, Litschis und Frühlingszwiebeln darin anbraten. Mit dem Reiswein und Sojasauce ablöschen. Den restlichen 1 EL Speisestärke mit wenig Wasser anrühren und mit dem Pfeffer hinzufügen. Das Hühnerfleisch unterheben.

Den Basmatireis nach Packungsanleitung in Salzwasser kochen und dazu servieren.

Ingwer-Tee-Eier

Zutaten für 2 Portionen
10 Eier
20 g frischer Ingwer
2 EL Teeblätter (Darjeeling oder Assam)

Zubereitungszeit: 15 Minuten

Zubereitung

Die Eier in 10 Minuten hart kochen, abschrecken und die Schale rundherum anschlagen, sodass Risse entstehen, aber nicht pellen.

Den Ingwer schälen und in Scheiben schneiden. Die Teeblätter und Ingwerscheiben 5 Minuten in 1 l Wasser kochen, bis der Tee sehr stark und dunkel ist. Topf von der Kochstelle ziehen, die Eier hineinlegen und 1 1/2 Stunden durchziehen lassen, dann pellen.

Jasmin-Tee-Panna Cotta

Zutaten für 4 Portionen
4 Blätter weiße Gelatine
400 ml Schlagsahne
30 g Zucker
10 g Jasmin-Chung-Hao-Tee
100 g Crème fraîche
8 EL Hagebuttenmark

Zubereitungszeit: 30 Minuten

Zubereitung

Die Gelatine in kaltem Wasser einweichen lassen. Die Schlagsahne mit dem Zucker in einem Topf kurz aufkochen. Vom Herd nehmen und auf 80 Grad abkühlen lassen. Dann den Tee einrühren und 10 Minuten ziehen lassen.

Die Teesahne durch ein feines Sieb gießen und die Teeblätter im Sieb gut ausdrücken, sodass man möglichst viel Tee herausquetscht. Die Gelatine ausdrücken und in der Teesahne auflösen. Crème fraîche zugeben und alles glatt rühren. Die Masse in 4 Förmchen (à 125 ml Inhalt) füllen und 5-6 Stunden, besser über Nacht, zugedeckt kalt stellen.

Die Förmchen mit der Tee-Panna Cotta kurz in heißes Wasser tauchen, die Ränder mit einem Messer von den Förmchen lösen und die Tee-Panna Cotta auf einen Teller stürzen. Das Hagebuttenmark glatt rühren und die Panna Cotta damit garnieren.

Kardamom-Pudding

Zutaten für 4 Portionen
6 Kardamomkapseln
1 Pck. Schokoladenpuddingpulver
2 EL Zucker
500 ml Milch
1/4 Mango
100 ml Schlagsahne

Zubereitungszeit: 20 Minuten

Zubereitung

Die 6 Kardamomkapseln aufbrechen, die Saat im Mörser fein zerstoßen. Das Schokoladenpuddingpulver mit 2 EL Zucker, Kardamompulver und 100 ml Milch glatt rühren. 400 ml Milch in einem Topf aufkochen, Puddingmischung einrühren, einmal aufkochen. In eine Schüssel füllen und mit Klarsichtfolie bedeckt vollständig abkühlen lassen.

1/4 Mango schälen, in Spalten schneiden. 100 ml Schlagsahne steif schlagen. Den kalten Pudding mit einem Schneebesen nochmals kräftig durchrühren, bis eine glatte Masse entsteht. Die Schlagsahne unterheben.

Die Puddingcreme in Gläser füllen und mit den Mangospalten. Dazu passt ein Mango-Lassi als Getränk sehr gut.

Königsberger Klopse asiatischer Art

Zutaten für 4 Portionen

1 Brötchen (vom Vortag)	2 Lorbeerblätter
2 Zwiebeln	1 Chilischote
10 g Ingwer	400 g Möhren
1 Stiel Zitronengras	1 EL Öl
1 Topf Koriander	1 EL Butter
600 g gemischtes Hack	1 EL Mehl
1 Ei	200 ml Kokosmilch
Salz	3 EL Sojasauce
Pfeffer	

Zubereitungszeit: 50 Minuten

Zubereitung

Das Brötchen in kaltem Wasser einweichen und dann zwischen 2 Brettern ausdrücken. Zwiebeln und Ingwer schälen und sehr fein würfeln. Die zarte Mitte aus dem Zitronengras schälen und sehr fein hacken. Sowie den Koriander hacken. Hackfleisch, Brötchen, Ei und je die Hälfte gehacktes Zitronengras, Zwiebeln, Ingwer und Koriander gründlich miteinander verkneten. Mit Salz und Pfeffer abschmecken.

Die Fleischmischung zu Klopsen (ca. 5 cm Ø) formen. In einem Topf reichlich Salzwasser aufkochen. Die Lorbeerblätter hinzufügen, die Klopse vorsichtig hineingeben und bei mittlerer Hitze ca. 10 Minuten gar ziehen lassen. Anschließend die Klopse in ein Sieb abgießen, wobei man die Brühe unten in einem Behältnis wieder auffängt.

Inzwischen Chili waschen, entkernen und fein hacken. Die Möhren schälen und in feine Streifen schneiden. Das Öl in einer Pfanne erhitzen. Die Klopse darin rundherum goldbraun anbraten. Die Möhrenstreifen zufügen, weitere 2 Minuten braten und dann alles herausnehmen.

Die Butter im Bratfett schmelzen. Übrige Zwiebel, Ingwer, Zitronengras und Chili zufügen und bei schwacher Hitze dünsten. Mit Mehl bestäuben, anschwitzen. 400 ml der gewonnenen Brühe und Kokosmilch zufügen, unter Rühren ca. 3 Minuten köcheln lassen. Mit Salz, Pfeffer und Sojasauce abschmecken. Mit dem restlichen Koriander garnieren und die Klopse nochmals in der Sauce erwärmen. Die Möhren werden dazu serviert. Dazu passt Reis als weitere Beilage.

Kurkuma-Pfannkuchen

Zutaten für 2 Portionen
1 Zwiebel
1 rote Chilischote
1 Bund Koriandergrün
150 g Hartweizengrieß
Salz
1 TL Kurkuma
200 g Salatgurke
100 g Mangochutney
2 EL Öl

Zubereitungszeit: 30 Minuten

Zubereitung

Die Zwiebel schälen und fein würfeln. 1 rote Chilischote waschen, entkernen und fein hacken. 1 kleines Bund Koriander waschen, trocken schütteln und mit den zarten Stielen hacken.

150 g Hartweizengrieß, 1/2 TL Salz, 1 TL Kurkuma und 300 ml kaltes Wasser in einer Schüssel mit einem Löffel verrühren. Zwiebel, Chili und Koriander unterrühren.

Die Salatgurke schälen, längs halbieren, entkernen und auf der groben Seite einer Gemüsereibe raspeln. Mit dem Mangochutney verrühren.

1 EL Öl in einer großen Pfanne erhitzen. Mit einer Kelle die Hälfte des Teiges zu 3 Portionen in die Pfanne geben und leicht verstreichen. Pfannkuchen 3-4 Minuten backen, bis die Unterseite leicht gebräunt ist. Pfannkuchen wenden und weiter 2 Minuten backen.

Die Pfannkuchen auf einem Teller warm stellen. 1 EL Öl in die Pfanne geben und aus dem restlichen Teig 3 weitere Pfannkuchen ebenso backen. Mit dem Chutney anrichten.

Lackierter Schweinenacken

Zutaten für 10 Portionen

2 Schweinenacken (à 750 g)
6 Knoblauchzehen
2 Zwiebeln
30 g frischer Ingwer
400 ml Hühnerbrühe

8 EL Reiswein oder Sherry
10 EL Sojasauce
2 EL Zucker
2 Sternanise
4 EL Maltose

Zubereitungszeit: 180 Minuten

Zubereitung

Die Knochen vom Schweinenacken abtrennen und das Fleisch an der Ober- und Unterseite mit einem scharfen Messer kreuzförmig einritzen. Knoblauch und Zwiebeln schälen und grob zerschneiden.

Den Ingwer schälen und in Scheiben schneiden. Die Hühnerbrühe mit Reiswein, Sojasauce und Zucker mischen. In einem Topf mit Zwiebeln, Ingwer, Knoblauch und Sternanis einmal aufkochen und dann abkühlen lassen. Das Fleisch darin über Nacht marinieren.

Das Schweinefleisch aus der Marinade nehmen und auf ein Backblech legen. Im vorgeheizten Backofen bei 150° C (kein Umluft) 2-2 1/2 Stunden garen, dabei das Fleisch mehrmals wenden und die übriggebliebenen Marinade darauf gleichmäßig verstreichen. 30 Minuten vor Ende der Garzeit das Fleisch auf einen Bogen Backpapier geben und mit der Maltose bestreichen. Das Fleisch in dünne Scheiben schneiden.

Lachs-Wasabi-Tatar-Törtchen

Zutaten für 4 Portionen
240 g Lachsfilet ohne Haut
1 Prise Salz
1 TL Wasabi-Paste
1/2 Granny Smith Apfel
1/2 Gala Royal Apfel
1/2 Limette

Zubereitungszeit: 10 Minuten

Zubereitung

Das Lachsfilet säubern und sanft trocken tupfen. Das Filet in kleine Würfel schneiden und mit einer Prise Salz und der Wasabi-Paste würzen.

Die Äpfel schälen, entkernen und in kleine Würfel schneiden. Die Limette heiß abwaschen, die Hälfte der Schale abreiben. Durchschneiden und den Saft einer Hälfte auspressen. Schale und Saft zu den Apfelwürfeln geben. Den Lachs unterheben, alles miteinander vermischen und in einem Ausstechring 3 Esslöffel anrichten.

Das Lachstatar-Törtchen kann man mit glatter Petersilie und einem Klecks Wasabi-Paste dekorieren.

Lachs-Muschel-Curry

Zutaten für 2 Portionen

250 g Miesmuscheln
100 ml Fischfond
100 ml Weißwein
Salz
Pfeffer
1 Mango

1 Lauchstange
100 ml Kokosmilch
2 TL gelbe Currypaste
2 Lachsfilets (à 150 g, ohne Haut)
Bratschlauch

Zubereitungszeit: 30 Minuten

Zubereitung

Die geputzten Miesmuscheln in kaltem Wasser gründlich waschen. Den Fischfond und Weißwein in einem großen Topf aufkochen. Mit Salz und Pfeffer würzen. Die Muscheln zufügen und zugedeckt 5 Minuten dünsten. In einem Sieb abtropfen lassen, dabei den Sud in einem Behältnis auffangen. Das Muschelfleisch vorsichtig aus der Schale lösen. Wer möchte, kann eine Muschelschale, deren Fleisch sich beim Garen von selbst herausgelöst hat, als "Zange" verwenden, um das Fleisch aus den anderen Muscheln herauszuholen.

Die Mango schälen, Stein entfernen und das Fruchtfleisch würfeln. Die Lauchstange waschen, das obere Grün abschneiden. Das Weiße und Hellgrüne in 3 cm breite Streifen schneiden.

Muschelsud mit Kokosmilch und gelber Currypaste verrühren. Die Lachsfilets waschen und sanft trocken tupfen. Rundum salzen und nebeneinander in den Bratschlauch legen. Muscheln, Mango, Lauch und Currysud über den Lachs verteilen. Beutel am anderen Ende zubinden, auf ein Blech legen und nach Packungsanweisung einschneiden. Im vorgeheizten Ofen bei 160° C Umluft auf der untersten Schiene 12-15 Minuten garen.

Lammschulter auf Gelbwurzsauce

Zutaten für 4 Portionen

300 g Lammschulter
500 ml Rotwein
250 ml Ananassaft
250 ml Sojasauce
50 g Petersilienwurzeln
50 g Ingwer
60 g Gelbwurz
300 g Sojasprossen
100 g Sojabohnen

1 EL Sesamöl
50 g Paprika
125 ml Gemüsesuppe
2 EL Reisessig
125 ml Sojasauce
Etwas Pfeffer
1 EL Speisestärke
50 g Sellerieblätter

Zubereitungszeit: 140 Minuten

Zubereitung

Das Lammfleisch waschen und in 4 Portionen aufteilen. Rotwein, Ananassaft und 250ml Sojasauce miteinander vermischen. Das Fleisch darin einige Zeit lang marinieren.

Die Petersilienwurzeln und Ingwer schälen und klein schneiden. Die Gelbwurz fein reiben. Den Backofen auf 140° C Umluft vorheizen. Das Fleisch mit der Marinade und dem Gemüse in eine feuerfeste Form geben und im Backofen 2 Stunden schmoren lassen.

Das Lamm aus der Form nehmen. Die restliche Flüssigkeit aus der Form in einen Topf geben und aufkochen. Die Speisestärke mit wenig Wasser verrühren. Die Hälfte der Speisestärke zur Bindung der Sauce benutzen. Danach die Sauce wieder über das Fleisch gießen.

Während der Garzeit das Sesamöl in einer Pfanne erhitzen. Die Sojasprossen und Sojabohnen darin anbraten. Paprika waschen, entkernen, in Streifen schneiden und zum anderen Gemüse hinzugeben. Die Gemüsesuppe, Reisessig und 125 ml Sojasauce in die Pfanne geben. Die restliche Speisestärke zum Binden benutzen. Die Sellerieblätter waschen, trocken schütteln und hinzufügen. Alles mit Pfeffer abschmecken.

Limetten-Buttermilch-Mousse

Zutaten für 4 Portionen

Für das Mousse:
3 Blätter weiße Gelatine
2 Eier
50 g Zucker
1 TL fein abgeriebene Limettenschale
4 EL Limettensaft
400 ml Buttermilch

Für das Pesto:
1 Koriandergrün
20 g Cashewkerne
10 g kandierter Ingwer
2 EL Limettensaft
2 EL Zuckersirup

Zubereitungszeit: 45 Minuten

Zubereitung

Die Gelatine in kaltem Wasser 10 Minuten einweichen.

Die Eier, Zucker, Limettenschale und Limettensaft in eine Schüssel geben und im heißen Wasserbad cremig aufschlagen. Die ausgedrückte Gelatine in der heißen Eiercreme auflösen. Die Buttermilch unterrühren und die Masse kalt stellen.

Sobald sie zu gelieren beginnt, noch einmal kurz aufschlagen und gleichmäßig auf 4 Gläser verteilen. Mindestens 4 Stunden, oder über Nacht, kalt stellen.

Für das Pesto den Koriander waschen, trocken schütteln, die Blättchen abzupfen und grob hacken. Die Cashewkerne im Blitzhacker zerkleinern. Kandierten Ingwer, Limettensaft, Zuckersirup und Koriander zufügen und fein zerkleinern. Limetten-Buttermilch-Mousse mit dem Korianderpesto servieren.

Limetten-Reis-Flammeri

Zutaten für 8 Portionen

Für den Reis-Flammeri:	Marinierte Mangospalten:
3 Limetten	1 rote Pfefferschote
1 Vanilleschote	1 Vanilleschote
800 ml ungesüßte Kokosmilch	30 g Zucker
100 g brauner Rohrzucker	150 ml Weißwein
Salz	350 g Mango
250 g Risottoreis	50 g Bitterorangenmarmelade
4 Blätter weiße Gelatine	8 Stiele Minze
2 Eier	30 g Kokosraspel
1 EL Zucker	
200 ml Schlagsahne	

Zubereitungszeit: 60 Minuten

Zubereitung

Die Limetten heiß waschen und die Limettenschale fein abreiben. Den Limettensaft auspressen. 1 Vanilleschote längs aufschneiden und das Mark herauskratzen. In einem Topf die Kokosmilch mit Rohrzucker, 1 Prise Salz, Vanilleschote und -mark aufkochen. Den Risottoreis zugeben und bei milder Hitze 25 Minuten kochen lassen, dabei immer wieder umrühren.10 Minuten vor Ende der Garzeit Limettenschale und -saft zugeben.

Die Eier trennen, wobei man das Eiweiß auffängt und mit 1 Prise Salz mit den Quirlen des Handrührers leicht aufschlägt. Danach den Zucker einrieseln lassen, das Eiweiß steif schlagen und kalt stellen. Die Sahne ebenfalls steifschlagen und kalt stellen.

Die Vanilleschote aus dem Reis entfernen. Das verbliebene Eigelb mit einem Holzlöffel zügig unter den heißen Reis rühren. Die Gelatine in kaltem Wasser einweichen und sie dann ausdrücken. Sofort in die heiße Flammeri-Masse einrühren und die Gelatine darin auflösen. Ca. 30 Minuten kalt stellen, bis die Masse leicht zu gelieren beginnt.

Dann mit einem Teigschaber abwechselnd Eiweiß und Sahne unter die Masse heben. Eine Kastenform (1 l Inhalt) mit kaltem Wasser ausspülen, das Reis-Flammeri hineinfüllen und die Oberfläche glatt streichen. Eine Klarsichtfolie direkt auf die Masse legen. Mindestens 6 Stunden, am besten über Nacht, kalt stellen.

Für die Mangospalten die Pfefferschote waschen, halbieren, entkernen und in feine Würfel schneiden. Die restliche Vanilleschote längs aufschneiden und das Mark herauskratzen. Den Zucker in einem Topf hellbraun karamellisieren lassen und dann mit Weißwein ablöschen. Vanilleschote und -mark zugeben, bei milder Hitze auf die Hälfte einkochen lassen. Die Vanilleschote entfernen, Pfefferschote und Bitterorangenmarmelade unterrühren. Die Marinade in eine Schale füllen und abkühlen lassen.

Die Mango schälen und das Fruchtfleisch vom Stein schneiden, längs in 1-2 cm breite Spalten schneiden. Die Spalten in die Marinade geben, vorsichtig mischen und abgedeckt 30 Minuten ziehen lassen. Die Minzblätter waschen, trocken schütteln, von den Stielen zupfen und mit den Kokosraspeln im Blitzhacker fein hacken, bis die Raspel grün sind.

Die Form des Flammeri kurz in heißes Wasser tauchen, aber natürlich darauf achten, dass kein Wasser in die Form läuft. Flammeri mit einem kleinen Messer vom Formrand lösen und vorsichtig aus der Form stürzen. Mit Mangospalten belegen und mit den Kokosraspeln bestreut servieren.

Linsen-Curry-Eintopf

Zutaten für 2 Portionen

30 g frischer Ingwer
1 Zwiebel
1 Knoblauchzehe
400 g Möhren
1 EL Öl
120 g rote Linsen

1 TL scharfes Curry
1 Prise Zucker
etwas Limettensaft
Salz
50 g griechischer Sahnejoghurt
etwas Koriandergrün

Zubereitungszeit: 35 Minuten

Zubereitung

Den Ingwer, Zwiebel und Knoblauch schälen und alles fein würfeln. Die Möhren schälen und in 1/2 cm dicke Scheiben schneiden.

1 EL Öl in einem Topf erhitzen, Ingwer, Zwiebeln und Knoblauch darin glasig dünsten. Möhren, rote Linsen, 1/2-1 TL scharfes Currypulver, 1 Prise Zucker und 2 EL Wasser zugeben und ca. 2 Minuten mitdünsten. 500 ml Wasser zugießen, salzen, aufkochen und zugedeckt 10-15 Minuten garen.

Den Eintopf mit Salz und etwas Limettensaft abschmecken und 50 g griechischen Joghurt unterrühren. Mit etwas Koriandergrün servieren.

Linsen-Dal

Zutaten für 2 Portionen

100 g rote Linsen	2 EL Öl
250 ml Gemüsefond	2 EL gehackte Petersilie
20 g Ingwer	Salz
1 Knoblauchzehe	Pfeffer
1/2 TL Kurkuma	2 TL Zitronensaft
1/2 TL gemahlener Kreuzkümmel	

Zubereitungszeit: 20 Minuten

Zubereitung

250 ml Gemüsefond in einem Topf zum Kochen bringen. Die roten Linsen hineingeben und zugedeckt bei mittlerer Hitze 10-12 Minuten köcheln lassen, bis die Flüssigkeit fast vollständig aufgesogen ist und die Linsen weich sind.

Den Ingwer schälen und fein reiben. Den Knoblauch schälen und pressen. Ingwer, Knoblauch, Kurkuma und Kreuzkümmel in einer Pfanne mit 2 EL Öl kurz anrösten.

Die Petersilie waschen, trocken schütteln und klein hacken. Mit den angerösteten Gewürzen unter die Linsen rühren. Mit Salz, Pfeffer und Zitronensaft abschmecken.

Linsen-Lamm-Curry

Zutaten für 4 Portionen

800 g Lammkeule (ohne Knochen)
1 Zitrone
2 Zwiebeln
2 Knoblauchzehen
3 EL Öl
Salz

Pfeffer
Zucker
3 EL Currypulver
250 g gelbe Linsen
250 g Mangold

Zubereitungszeit: 105 Minuten

Zubereitung

Das Lammfleisch waschen, trocken tupfen und in ca. 3 cm große Würfel schneiden. Die Zitrone heiß waschen und abtrocknen, die Schale fein abreiben. Die Zitrone halbieren und auspressen. Die Zwiebeln schälen und in Streifen schneiden. Den Knoblauch ebenfalls schälen und fein hacken.

Das Öl in einem Bräter oder Schmortopf erhitzen. Die Zwiebeln und Knoblauch darin glasig dünsten. Dann das Fleisch hinzufügen und rundherum braun anbraten. Mit Salz und Pfeffer kräftig würzen.

Mit Curry bestäuben und kurz anschwitzen. Mit 1 l Wasser ablöschen, Zitronenschale zufügen und alles aufkochen. Zugedeckt 1–1 1/4 Stunden schmoren lassen.

Die Linsen abspülen und abtropfen lassen. In den letzten 20 Minuten der Garzeit im Curry mit garen. Mangold waschen und klein schneiden. In den letzten ca. 10 Minuten hinzugeben und alles nochmals gut umrühren.

Das Curry mit Zitronensaft, Salz, Pfeffer und Zucker abschmecken.

Mango-Curry-Parfait

Zutaten für 8 Portionen

2 Mangos	2 Orangen
6 Eigelbe	1 Papaya
80 g Zucker	1 rote Chilischote
1 TL mildes Currypulver	3 EL Honig
60 ml weißer Portwein	4 EL Zitronensaft
400 ml Schlagsahne	

Zubereitungszeit: 45 Minuten

Zubereitung

Die Mangos schälen, das Fruchtfleisch vom Stein schneiden und im Küchenmixer sehr fein pürieren. Eigelb, Zucker, Currypulver und Portwein in einer Rührschüssel oder einem Schlagkessel über einem heißen Wasserbad mit einem Schneebesen in 5-6 Minuten cremig aufschlagen. Die Hälfte vom Mangopüree mit dem Zitronensaft zur Parfaitmasse geben und in einem eiskalten Wasserbad kalt rühren. Die Sahne steif schlagen und nach und nach unter die Parfaitmasse heben.

Eine Auflaufform mit Klarsichtfolie auslegen. Die Parfaitmasse einfüllen und glatt streichen. Das restliche Mangopüree darauf verteilen. Die Klarsichtfolie darüber schlagen, sodass alles abgedeckt ist. Die Form für mindestens 5 Stunden, am besten über Nacht, in den Gefrierer stellen. 30 Minuten vor dem Servieren aus dem Gefrierschrank nehmen.

Die Orangen so schälen, dass die weiße Haut vollständig entfernt wird. Die Orangen in ca. 1 cm dicke Scheiben schneiden. Die Papaya schälen, längs halbieren und die Kerne mit einem Esslöffel entfernen. Jede Hälfte in 4 Spalten schneiden. Die Spalten quer halbieren. Chili halbieren, entkernen und in feine Streifen schneiden.

Kurz vor dem Servieren vom Parfait die Folie entfernen und das Parfait in 6-8 große Stücke schneiden. Honig mit Chili in einer Pfanne erhitzen. Die Orangenscheiben zugeben und bei mittlerer Hitze 1 Minute erwärmen. Papaya zugeben, kurz durchschwenken und mit dem Parfait anrichten.

Mangopudding

Zutaten für 10 Portionen
12 Blätter weiße Gelatine
2 Mangos (à 450 g)
120 ml Limettensaft
250 ml Milch
40 g Zucker
12 frische Litschis (ersatzw. Litschis aus der Dose)

Zubereitungszeit: 30 Minuten

Zubereitung

Die Gelatine in kaltem Wasser einweichen. Die Mangos schälen, das Fruchtfleisch vom Stein schneiden und mit dem Limettensaft sehr fein pürieren.

Die Milch mit Zucker in einem Topf erwärmen, bis sich der Zucker aufgelöst hat. Die ausgedrückte Gelatine in der warmen Milch auflösen, etwas abkühlen lassen und unter das Fruchtpüree mixen.

Eine kleine Auflaufform (20x20 cm, 4 cm hoch) mit Frischhaltefolie auslegen und das Fruchtpüree hineinfüllen. Mindestens 6 Stunden kalt stellen, bis das Püree geliert ist.

Mangopudding mithilfe der Frischhaltefolie aus der Form lösen. Folie entfernen und den Pudding in 20 gleich große Würfel schneiden. Auf einer Platte anrichten. Litschis aus der Schale lösen, halbieren, entsteinen und auf die Würfel legen.

Mango-Wachtel-Salat

Zutaten für 2 Portionen

2 ganze Wachteln	1 TL Reisessig
1 EL Öl	1 EL Erdnusscreme
3 Mangos	2 EL Ingwer
50 g eingeweichter Seetang	1 EL brauner Zucker
50 g Sojasprosse	1 TL Sesamöl
50 g Glasnudeln	2 EL Nuoc Nam
Koriander	1 EL rote Chilischoten
1 EL Sojasauce	1 Prise Meersalz

Zubereitungszeit: 50 Minuten

Zubereitung

Die Wachteln waschen und trocken tupfen. Eine große Pfanne mit Öl erhitzen und die Wachteln darin kurz anbraten. Den Backofen auf 120° C Umluft vorheizen. Die Wachteln im Backofen für 10 Minuten garen. Danach für 15 Minuten rasten lassen. Das Fleisch von den Knochen lösen.

Sojasauce, Reisessig, Erdnusscreme, Zucker, Sesamöl, Nuoc Nam und Salz miteinander verrühren. Den Ingwer schälen und fein hacken. Chili waschen, entkernen und zerkleinern. Den Koriander waschen, trocken schütteln und ebenfalls klein hacken. Chili, Ingwer und Koriandergrün unter das Dressing mischen. 1 Mango schälen, das Fruchtfleisch vom Stein entfernen und in dünne Streifen schneiden.

Die Glasnudeln in heißem Wasser nach Packungsanweisung kochen, dann abkühlen lassen. Die Mango, eingeweichter Seetang, Sojasprossen und Glasnudeln miteinander vermengen. Dann das Fleisch unterheben. Die restlichen Mangos waschen, halbieren und entkernen. Den Salat in die Mangohälften füllen.

Miso-Tempeh-Nudel-Suppe

Zutaten für 4 Portionen

50 g Shiitake-Pilze
1 Knoblauchzehe
2 rote Chilischoten
25 g Möhren
100 g Mini Pak Choi
25 g Ingwer
2 Lauchzwiebeln
5 EL Öl

1 l Gemüsebrühe
3–4 EL helle Sojasauce
1 TL Misopaste
270 g dünne Bandnudeln
200 g Tempeh
1 EL Hoisin-Sauce

Zubereitungszeit: 30 Minuten

Zubereitung

Die Shiitake-Pilze putzen und in Scheiben schneiden. Den Knoblauch und Ingwer schälen und fein hacken. Chili waschen, längs aufschneiden, entkernen und klein schneiden. Die Möhren schälen, längs halbieren und schräg in dünne Scheiben schneiden. Den Pak Choi waschen, trocken tupfen und in Streifen schneiden. Lauchzwiebeln waschen, Enden abschneiden und in feine Ringe schneiden.

2 EL Öl in einem großen Topf erhitzen. Ingwer, Knoblauch und 1 Chilischote darin kurz andünsten. Die Brühe dazu gießen und schnell aufkochen lassen. Mit Sojasauce und Misopaste abschmecken. Bei schwacher Hitze alles zusammen köcheln lassen.

In der Zwischenzeit die Nudeln nach Packungsanweisung in kochendem Salzwasser zubereiten. Dann die Nudeln abgießen. Tempeh in kleine Würfel schneiden. 3 EL Öl in einer Pfanne erhitzen, Tempeh darin unter Wenden ca. 4 Minuten goldbraun braten. Die Hitze der Pfanne reduzieren, Hoisin-Sauce zugeben und 1–2 Minuten glasieren lassen. Die Pfanne vom Herd nehmen.

Pilze, Möhren und Pak Choi in die heiße Brühe geben und bei schwacher Hitze ca. 5 Minuten ziehen lassen. Die Suppe mit der Sojasauce abschmecken. Die Suppe mit den Nudeln und dem Tempeh anrichten und mit Lauchzwiebeln und übrigem Chili garnieren.

Möhrenspaghetti-Salat mit Erdnüssen

Zutaten für 4 Portionen

1 kg Möhren
1/2 TL Zucker
1 TL brauner Zucker
1/2 TL Salz
3 Lauchzwiebeln
1 Knoblauchzehe
4 EL Tahin (Sesampaste)

3 EL Olivenöl
1 Zitrone
3 EL Sojasauce
100 g gesalzene geröstete Erdnüsse
7 Stiele Basilikum

Zubereitungszeit: 35 Minuten

Zubereitung

Die Möhren schälen und mit einem Spiralschneider in feine „Spaghetti" schneiden. Mit je 1/2 TL Zucker und Salz mischen und beiseite stellen. Lauchzwiebeln putzen, Enden abschneiden und in feine Ringe schneiden.

Die Zitrone durchschneiden und auspressen. Den Knoblauch schälen und grob hacken. Mit Tahin, Olivenöl, Zitronensaft, Sojasauce und 1 TL braunem Zucker mit Hilfe eines Stabmixers fein pürieren.

Möhren, Lauchzwiebeln und Dressing mischen. Die Erdnüsse grob hacken. Das Basilikum waschen, trocken schütteln und die Blättchen von den Stielen zupfen. Nüsse und Basilikumblättchen unter die Möhren heben.

Naan-Brot

Zutaten für 4 Portionen
250 g Mehl (Type 550)
1 TL Trockenhefe mit Backpulver
Salz
1 TL Zucker
75 g Joghurt
2 EL Öl
2 EL Butterschmalz

Zubereitungszeit: 35 Minuten

Zubereitung

Mehl, Trockenhefe mit Backpulver, 1 TL Salz und Zucker in einer Schüssel miteinander gründlich vermischen. Joghurt und Öl verrühren und unter die Mehlmischung heben. 100 ml handwarmes Wasser zugeben. Mit den Knethaken des Handrührers zu einem glatten Teig verkneten.

Den Teig abgedeckt bei Zimmertemperatur 3 Std. gehen lassen, bis sich das Teigvolumen verdoppelt hat.

Den Backofen und ein Backblech auf 240° C Umluft vorheizen. Den Teig auf einer bemehlten Arbeitsfläche nochmals kräftig durchkneten und in 6 gleichgroße Portionen teilen. Nacheinander zu ovalen Fladen ausrollen (Länge ca. 20 cm).

3 Fladen auf einen Bogen Backpapier legen. Fladen auf dem Backpapier auf das heiße Blech ziehen und in der Mitte des Ofens 6-8 Minuten goldbraun backen.

Währenddessen das Butterschmalz in einem heißen Topf zergehen lassen. Die Naan-Brote auf ein Gitter legen und sofort mit wenig Butterschmalz bepinseln. Restlichen Teig ebenso backen und bepinseln.

Nudelauflauf nach indischer Art

Zutaten für 6 Portionen

200 g Asia-Nudeln
Salz
200 ml Gemüsebrühe
200 g Joghurt
1 Ei
1 EL mildes Currypulver
Cayennepfeffer
300 g dicke Möhren

3 EL Öl
1 EL Sultaninen
Pfeffer
300 g TK-Blattspinat (aufgetaut)
12 mittelgroße Garnelenschwänze
(ohne Kopf und Schale)
1 EL gehackte Mandeln

Zubereitungszeit: 25 Minuten

Zubereitung

Die Nudeln nach Packungsanweisung in Salzwasser kochen. Im Sieb abschrecken und abtropfen lassen. Die Gemüsebrühe mit Joghurt, Ei und Curry verrühren. Kräftig mit Salz und Cayennepfeffer würzen und dann die Nudeln untermischen.

Die Möhren schälen, grob raspeln und mit 1 EL Öl und den Sultaninen mischen. Ebenfalls kräftig mit Salz und Pfeffer würzen. Den Spinat auftauen lassen und dann zwischen 2 Brettern sehr gut ausdrücken, grob hacken und mit 1 EL Öl mischen. Auch hier mit Salz und Pfeffer würzen.

Die Garnelen abspülen, sanft trocken tupfen und mit 1 EL Öl mischen, sowie salzen und pfeffern. Die Hälfte der Nudeln in eine Auflaufform (3 l Inhalt) geben, Gemüse mit Garnelen gleichmäßig darauf verteilen. Die restlichen Nudeln darüber geben. Mit den gehackten Mandeln bestreuen.

Im vorgeheizten Backofen bei 200° C Grad (keine Umluft) 20 Minuten garen.

Obstsalat mit Tapioka und grünem Tee-Dressing

Zutaten für 6 Portionen

80 g Zucker
1 EL Grüner-Tee-Blätter
3 Passionsfrüchte
60 g Kokoschips
1 Mango
250 g Galiamelone

250 g Ananas
100 g kernlose Weintrauben
150 g Tapioka-Perlen
Salz
1 Beet rote Shiso-Kresse

Zubereitungszeit: 45 Minuten

Zubereitung

400 ml Wasser mit Zucker und Tee in einem Topf aufkochen. Dann den Teesirup abkühlen lassen und durch ein feines Sieb abgießen, unten auffangen. Die Passionsfrüchte halbieren, Fruchtfleisch mit einem Löffel herauskratzen, durch ein Sieb streichen und zum Teesirup hinzugeben. Alles abgedeckt kalt stellen.

Die Mango schälen, das Fruchtfleisch vom Stein lösen und in Scheiben schneiden. Die Melone schälen, entkernen und das Fruchtfleisch in ca. 2 cm große Würfel schneiden. Von der Ananas die Enden abschneiden, schälen, den harten Kern entfernen und das Fruchtfleisch in ca. 2 cm große Stücke schneiden. Die Weintrauben waschen und halbieren. Das gesamte Obst in eine Schale geben und abgedeckt kalt stellen.

1 l Wasser in einem Topf erhitzen. Tapioka zugeben und bei mittlerer Hitze 3-4 Minuten quellen lassen, dabei ab und zu umrühren. 1 Prise Salz zugeben, unter häufigem Rühren 15 Minuten garen. Tapioka in ein Sieb gießen und abschrecken. Abgedeckt kalt stellen. Tapioka vor dem Servieren erneut in einem Sieb kalt abspülen und abtropfen lassen. Zum Servieren Tapioka auf Schalen verteilen und mit dem Teesirup beträufeln. Das Obst darauf verteilen. Die Shiso-Kresse abwaschen und trocken schütteln. Kokoschips in einer Pfanne ohne Fett goldgelb rösten. Das Tapioka mit Kresse und Kokoschips garnieren.

Pappadams mit Dips und frittierter Minze

Zutaten für 6 Portionen

Für die Dips:
150 g rote Linsen
Salz
2 rote Chilischoten
4 Stiele Minze
150 g griechischer Sahnejoghurt
Pfeffer
100 g Roquefort
1 grüne Chilischote
120 ml Schlagsahne
2 EL Schnittlauchröllchen
200 g Hüttenkäse
1 EL Akazienhonig

Für den Tempurateig:
75 g gesiebtes Mehl
1 Eiweiß
1 EL Pul biber (geschroteter Chili-Paprika-Mix, türkische Geschäfte)
Salz
30 Blätter Minze
8 Pappadams
1 1/4 L Öl zum Ausbacken

Zubereitungszeit: 60 Minuten

Zubereitung

Die Linsen in kochendem Salzwasser 10-12 Minuten kochen, in einem Sieb gut abtropfen lassen. Roten Chili putzen und fein würfeln. Die Minze waschen, trocken schütteln, die Blätter abzupfen und fein schneiden. Chili, Minze und Joghurt in einer hohen Schüssel pürieren, dann mit den Linsen mischen und mit Salz und Pfeffer abschmecken.

Für den Roquefort-Dip den Käse in ein hohes Gefäß bröseln. Grünen Chili putzen und fein würfeln. Chili, Sahne und Honig dazugeben und wiederum alles pürieren. Mit Hüttenkäse und Schnittlauch verrühren, ebenfalls salzen und pfeffern.

Das Mehl in einer Schüssel mit Eiweiß, 125 ml eiskaltem Wasser und Pul biber verrühren, salzen und dann kalt stellen. Die 30 Minzblätter waschen und trockentupfen.

Für die Pappadams 250 ml Öl in einer Pfanne erhitzen. Pappadams portionsweise hineingeben (mit 2 Gabeln seitlich auseinanderziehen, damit sie möglichst flach bleiben) und von beiden Seiten hellbraun ausbacken. Herausnehmen, auf Küchenpapier abtropfen lassen.

Das restliche Öl in einem Topf auf 160° C erhitzen. In eine zweite, größere

Schüssel Eiswürfel schütten und die Teigschüssel darin hineinstellen. Je 2 Minzblätter zusammen durch den Teig ziehen, leicht abtropfen lassen und 10 Sekunden frittieren. Herausnehmen, auf Küchenpapier abtropfen lassen.

Die frittierten Minzblätter und Pappadams auf eine Platte legen und mit dem Linsen-Dip und dem Käse-Dip servieren.

Pfefferrindfleisch in Anissuppe mit Udon-Nudeln

Zutaten für 4 Portionen
150 g Rindsfilet
1 EL Sesamöl
30 g Pfeffer
1 L Gemüsesuppe
2 EL Misopaste
4 Anissterne
40 g eingeweichter Seetang
200 g Udon-Nudeln
4 EL Zwiebeln

Zubereitungszeit: 20 Minuten

Zubereitung

Das Rindsfilet waschen, trocken tupfen, mit einem 1 TL Sesamöl bestreichen und im feinen Pfeffer wälzen. Das Filet in einer Klarsichtfolie rollen und bei -10 Grad 6 Stunden lang einfrieren.

Die Gemüsesuppe mit der Misopaste, Anissternen, Seetang und dem restlichen Sesamöl in einem Topf aufkochen.

Die Nudeln nach Anleitung in heißem Salzwasser kochen. In einem Sieb abgießen und auf Tellern garnieren.

Die Suppe durch ein Sieb über die Nudeln gießen. Das gekühlte Rindfleisch in dünne Scheiben schneiden und auf die Suppe legen. Die Zwiebeln klein schneiden und auf die Suppe garnieren. Wer es scharf mag, der kann die Suppe noch mit Chili oder Cayennepfeffer kräftig würzen.

Rindertopf „Bangkok Art"

Zutaten für 4 Portionen

350 g Tomaten
250 g Kartoffeln
250 g Möhren
200 g Keniabohnen
1 rote Zwiebel
1 Knoblauchzehe
30 g frischer Ingwer
450 g Rinderhüftsteaks

Salz
Pfeffer
2 EL Öl
2 EL rote Currypaste
300 ml Fleischbrühe
200 ml ungesüßte Kokosmilch
Kokos-Chips oder Koriandergrün
zum Garnieren

Zubereitungszeit: 30 Minuten

Zubereitung

Die Tomaten waschen, vierteln und entkernen. Kartoffeln und Möhren schälen und in 2 cm große Würfel schneiden. Die Bohnen in einem Sieb abspülen. Die Zwiebel und Knoblauch schälen, beides fein hacken. Den Ingwer schälen und in Streifen schneiden.

Das Rindfleisch waschen, trocken tupfen, in dünne Scheiben schneiden und nach Geschmack salzen und pfeffern. Das Öl im Wok erhitzen und das Fleisch darin bei sehr starker Hitze rundherum anbraten. Dann wieder herausnehmen und stattdessen Zwiebel und Knoblauch im Wok anbraten. Ingwer und Gemüse dazugeben und 1 Minuten dünsten.

Die Currypaste in den Wok geben. Mit Brühe und Kokosmilch auffüllen. Alles zum Kochen bringen und bei mittlerer Hitze 12 Minuten sanft kochen. Das Fleisch wieder dazugeben und erwärmen. Den Rindertopf mit gerösteten Kokos-Chips oder Koriandergrün servieren.

Sauerorangen-Hühner-Curry

Zutaten für 4 Portionen

300 g Hühnerfilet	100 g Orange
1 EL Speisestärke	50 g Ingwer
4 EL Öl	30 g Tamarindenpaste
4 EL trockener Sherry	1 Limette
50 g Zwiebeln	200 ml Kokosmilch
30 g Knoblauch	800 ml Gemüsesuppe
30 g Chili	200 g Jasminreis

Zubereitungszeit: 55 Minuten

Zubereitung

Das Hühnerfilet reinigen, trocken tupfen und in feine Streifen schneiden. Speisestärke, Öl und Sherry miteinander vermischen und das Filet 6 Stunden lang darin an einem kalten Ort marinieren.

Zwiebeln, Ingwer und Knoblauch schälen und alles klein hacken. Die Orange schälen, sodass auch die weiße Haut entfernt wird, und das Fruchtfleisch pürieren. Die Limette halbieren und auspressen. Die Zwiebeln, Ingwer, Knoblauch, Tamarindenpaste und den Limettensaft in einer Pfanne auf mittlerer Hitze miteinander mischen, solange bis eine Paste entsteht. Die Kokosmilch und die Gemüsesuppe dazu gießen und alles 35 Minuten auf kleiner Flamme kochen lassen.

Das Curry durch ein Sieb gießen, unten auffangen und die verfeinerte Suppe nochmals zum Kochen bringen. Das Hühnerfilet hinzugeben und 5 Minuten garen lassen. Die Speisestärke mit etwas kaltem Wasser vermischen, dann zur Suppe hinzufügen und alles binden lassen. Das Orangenfleisch und Chili unterheben.

Den Reis nach Packungsanleitung kochen. Das Curry auf dem Reis garnieren.

Scharfe Garnelen mit Ei

Zutaten für 4 Portionen

1 EL Olivenöl	125 ml Szechuan-Chili-Sauce
1 TL Meersalz	6 Eier
etwas Pfeffer	2 EL Sojasauce
1 EL brauner Zucker	125 ml Gemüsesuppe
2 EL Sherry	2 EL Frühlingszwiebeln
200 g essfertige Garnelen	1 TL Sesamöl

Zubereitungszeit: 20 Minuten

Zubereitung

Olivenöl, Salz, Pfeffer, Zucker und Sherry miteinander verrühren. Die Garnelen in die Marinade einlegen und eine Weile ziehen lassen.

Anschließend die Garnelen mit der Chilisauce einpinseln.

Die Eier in eine Schüssel schlagen. Die Schüssel in ein Wasserbad stellen und währenddessen die Eier cremig schlagen. Die Sojasauce, Gemüsesuppe und Sesamöl unter die Eier rühren.

Die Eiermasse in 4 Schüssel teilen und die Garnelen darin verteilen. Die Schüsseln wieder in ein heißes Wasserbad stellen. Bei 100° C ca. 4 Minuten ziehen lassen, bis die Eiermasse fest geworden ist.

Scharfe Kohlsuppe

Zutaten für 4 Portionen

400 g Spitzkohl
2 rote Paprika
2 kleine Petersilienwurzeln
1 Zwiebel
2 Knoblauchzehen
2 EL Öl
Salz

Pfeffer
1/2 TL Kümmel
1 Lorbeerblatt
1 L Gemüsebrühe
1 EL Senf
4 EL saure Sahne

Zubereitungszeit: 35 Minuten

Zubereitung

Den Kohl putzen und den Strunk entfernen. Paprika waschen, entkernen und in Streifen schneiden. Die Petersilienwurzeln, Zwiebel und Knoblauchzehen schälen und in kleine Stücke würfeln.

Das Öl in einer tiefen Pfanne erhitzen. Die Zwiebeln und die Knoblauchzehen darin glasig anbraten. Das Gemüse hinzugeben und 3 Minuten alles miteinander braten. Mit Salz, Pfeffer und Kümmel abschmecken. Das Lorbeerblatt hinzufügen. Die Gemüsebrühe über das Gemüse gießen und aufkochen. Dann 15 Minuten auf kleiner Flamme köcheln lassen.

Die Suppe vom Herd nehmen. Den Senf und saure Sahne einrühren.

Scharfes Fisch-Curry

Zutaten für 4 Portionen

150 g Schalotten
6 Knoblauchzehen
50 g frischer Ingwer
1 1/2 rote Chilischoten
4 EL Pflanzenöl
2 Sternanise
1 EL Orangenschale
1 EL 5-Spice-Gewürz
1 EL gemahlener Koriander
2 EL brauner Zucker
1 EL thailändische Fischsauce

3 EL Sojasauce
250 g Kirschtomaten
2 EL Speisestärke
4 Doraden (á 300-350g, geschuppt und ausgenommen)
2 EL schwarzer Sesam
4 Frühlingszwiebeln, nur das Grüne
1/4 Bund Koriander
1/4 Bund Thai-Basilikum

Zubereitungszeit: 80 Minuten

Zubereitung

Die Schalotten, Ingwer und den Knoblauch schälen und fein würfeln. Die Chilischoten waschen und in Ringe schneiden. In einer Pfanne das Öl erhitzen und dann Schalotten, Ingwer, Knoblauch und Chili darin andünsten. Sternanis, Orangenschale, 5-Spice-Gewürz, Koriander und Zucker unterrühren und kurz mit anrösten.

Die Fisch- und Sojasauce zugeben und mit 500 ml Wasser auffüllen. Alles 10 Minuten milde kochen lassen. Die Kirschtomaten waschen, vierteln und nach 8 Minuten zugeben. Die Speisestärke mit kaltem Wasser anrühren, in die Sauce rühren und weitere 1-2 Minuten milde kochen lassen.

Die Doraden innen und außen kalt abwaschen und vorsichtig trockentupfen. Die Hälfte der Sauce in einer ofenfesten Form verteilen. Die Fische darauflegen und mit der restlichen Sauce begießen. Die Fische im vorgeheizten Ofen bei 225° C (keine Umluft) ca. 20 Minuten garen.

Inzwischen den schwarzen Sesam in einer Pfanne ohne Fett rösten. Die Frühlingszwiebeln putzen und dann nur das Grüne der Länge nach in feine Streifen schneiden. Koriander und Basilikum waschen, trocken schütteln, Blätter abzupfen und grob zerschneiden. Sesam, Frühlingszwiebelgrün, Koriander- und Basilikumblätter miteinander mischen, über die Fische streuen und servieren. Dazu passen grüne Bohnen und Basmatireis.

Shabu-Shabu-Salat

Zutaten für 4 Portionen

320 g Roastbeef (in feine Scheiben geschnitten)	**Für die Erdnuss-Sojasauce:**
100 g Glasnudeln	80 g ungezuckerte Erdnusspaste
1/4 Eisbergsalat	20 g Honig
20 g Feldsalat	15 ml Sojasauce
1/4 Salatgurke	5 EL Mineralwasser ohne Kohlensäure
1 Staudensellerie	**Für die Zitrus-Sojasauce:**
1 rote Zwiebel	5 EL Sojasauce
1 TL Sesamsaat	2 1/2 EL Zitronensaft
4 Kirschtomaten	2 1/2 EL Limettensaft
1 Pck. Daikon-Kresse	2 1/2 EL Orangensaft

Zubereitungszeit: 30 Minuten

Zubereitung

Das Roastbeef kurz in einem Topf mit heißem Wasser blanchieren, in Eiswasser abkühlen und gut abtropfen lassen. Die Glasnudeln nach Packungsanweisung in Salzwasser kochen, ebenfalls in kaltem Wasser abschrecken und gut abtropfen lassen.

Den Eisbergsalat und den Feldsalat waschen, trockenschleudern und in mundgerechte Stücke zupfen. Die Gurke, Staudensellerie und Zwiebel schälen und alles in dünne Scheiben schneiden.

Die Erdnusspaste, Honig, Sojasauce und das Mineralwasser gründlich miteinander verrühren, solange bis eine cremige Sauce entsteht. Für die Zitrus-Sojasauce 5 EL Sojasauce, Zitronensaft, Limettensaft und Orangensaft verquirlen.

Den vorbereiteten Salat und das vorbereitete Gemüse mit den Glasnudeln vermengen. Den Salat in eine große Schüssel geben und die Roastbeefstreifen darauf verteilen.

Den Sesam in einer Pfanne ohne Fett goldbraun rösten. Die Kirschtomaten halbieren, die Kresse waschen und abschneiden. Beides und den Sesam auf dem Salat verteilen. Den Salat mit den beiden Saucen als Dip servieren.

Seeteufel in Gurken-Reis-Suppe

Zutaten für 4 Portionen

150 g Jasminreis	300 g Salatgurke
4 EL Ingwer	400 g Seeteufel
1 EL Öl	2 TL Sesamöl
500 ml Gemüsesuppe	1 EL Szechuanpfeffer
250 ml Reiswein	50 g Koriandergrün

Zubereitungszeit: 40 Minuten

Zubereitung

Den Ingwer schälen und klein hacken. Das Öl in einer Pfanne erhitzen und den Reis und Ingwer darin glasig werden lassen. Dann den Reiswein und Gemüsesuppe hinzu gießen. Auf kleiner Flamme für 15 Minuten köcheln lassen.

Die Gurke schälen und in Scheiben schneiden. Den Seeteufel waschen und sanft trocken tupfen. Gurke und den Seeteufel zur Suppe hinzugeben. So lange kochen, bis die Suppe breiförmig wird. Die Suppe mit Sesamöl, Pfeffer und Koriandergrün abschmecken.

Spinat-Linsen-Dal mit Papadams

Zutaten für 4 Portionen

60 g Zwiebeln	200 g Mung-dal-Linsen
1 Stange Zitronengras	1 TL Madras-Currypulver
3 EL Koriandersaat	10 g Basmatireis
Salz	1/2 TL Kurkuma
40 g frischer Ingwer	300 ml Mandelmilch
500 g Blattspinat	8 Papadams
40 g Ghee	

Zubereitungszeit: 20 Minuten

Zubereitung

Die Zwiebeln und den Ingwer schälen und fein würfeln. Das Zitronengras putzen, das äußere Blatt entfernen und mit dem Rücken eines schweren Messers zerdrücken. Die Koriandersaat in einer Pfanne ohne Fett rösten, bis es dampft. Dann mit 1 Prise Salz in einem Mörser fein mahlen. Den Blattspinat sorgfältig putzen, trocken schleudern und die dicken Stiele entfernen.

10 g Ghee in einem kleinen Topf schmelzen lassen, Zwiebeln darin bei milder Hitze unter Rühren in 10-12 Minuten leicht knackig garen, mit Salz würzen und abgedeckt warm halten.

In einem kleinen Topf 700 ml Salzwasser einmal aufkochen, die Mung-dal-Linsen zugeben und zugedeckt bei milder Hitze ca. 30 Minuten garen, dabei ab und zu umrühren. 1/2 TL Curry unterrühren.

Weitere 10 g Ghee in einem anderen Topf schmelzen lassen. Reis, Zitronengras, Koriander und Ingwer darin bei nicht zu starker Hitze 2-3 Minuten dünsten. Mit Kurkuma und restlichem Curry bestäuben und kurz mitdünsten. Mit Mandelmilch ablöschen, mit Salz würzen und bei mittlerer Hitze 10-12 Minuten leicht kochen lassen. Die Sauce durch ein feines Sieb in einen Topf gießen und gut durchdrücken. Die Sauce erneut aufkochen und dann leicht pürieren.

Den Backofengrill auf 250° C vorheizen. Die Papadams auf ein Backblech legen und auf der obersten Schiene so lange grillen, bis sie knusprig und goldbraun sind, dabei wenden und am besten nicht aus den Augen lassen!

Die restlichen 20 g Ghee in einem Topf erhitzen. Den Spinat darin bei milder

Hitze unter Rühren 3-4 Minuten garen, mit Salz würzen. Mit der Hälfte der Sauce auffüllen und einmal aufkochen. Linsen und Spinat mit etwas Sauce auf vorgewärmte tiefe Teller geben, mit Zwiebeln bestreuen und servieren. Papadams dazu servieren.

Sternanis-Creme auf Obstsalat

Zutaten 6 Portionen

8 Blätter weiße Gelatine	150 g Vollmilchjoghurt
500 ml Milch	2 Eiweiß
6 Sternanise	Salz
1 Pck. Vanillezucker	3 Orangen
3 EL Zucker	1 EL Puderzucker
100 g Frischkäse (12%Fett)	2 Bananen

Zubereitungszeit: 25 Minuten

Zubereitung

Die Gelatine in kaltem Wasser einweichen, dann gründlich ausdrücken. In einem Topf die Milch mit Sternanis aufkochen, die ausgedrückte Gelatine, Vanillezucker und Zucker darin auflösen und abkühlen lassen. Sternanis herausnehmen und zur Dekoration beiseitelegen. Die Milch kalt stellen, bis sie zu gelieren beginnt.

Frischkäse und Joghurt mit einem Schneebesen unter die Milch rühren. Das Eiweiß mit 1 Prise Salz steif schlagen und unterziehen. Die Creme in 4-6 kalt ausgespülte Tassen (ca. 150 ml Inhalt) füllen und nochmals 2-3 Std. kalt stellen.

Die Orangen schälen, die weiße Haut sollte vollständig entfernt sein, in dünne Scheiben schneiden. Dabei den Saft auffangen und mit Puderzucker verrühren. Die Bananen schälen, in Scheiben schneiden und mit den Orangenfilets und dem Saft mischen.

Die Creme auf Teller stürzen, mit dem Salat anrichten und mit Sternanis garnieren.

Stir-fry Szechuan-Hähnchen

Zutaten für 2 Portionen

350 g Hähnchenbrustfilet	1 TL Sambal Oelek
1 TL Speisestärke	1 EL flüssiger Honig
1 TL brauner Zucker	2 EL Obstessig
4 EL Sojasauce	1 EL Sesamsaat
1 rote Paprikaschote	2 EL Sesamöl
1 Bund Lauchzwiebeln	2 EL Öl
10 g Ingwer	Salz und Pfeffer
1 Knoblauchzehe	5 Stiele Koriander
4 EL Tomatenketchup	

Zubereitungszeit: 30 Minuten

Zubereitung

Das Hähnchenbrustfilet waschen, trocken tupfen und grob würfeln. Die Speisestärke, braunen Zucker und Sojasauce zufügen und alles gut mischen. Die Paprika waschen, entkernen und klein schneiden. Die Lauchzwiebeln putzen, Enden abschneiden und in Ringe schneiden. Ingwer und Knoblauch schälen und fein hacken. Ketchup, 5 EL Wasser, Sambal Oelek, Honig, Essig und Sesamöl miteinander verrühren.

Den Sesam in einer heißen Pfanne ohne Fett rösten, dann herausnehmen. Das Sesamöl in der Pfanne erhitzen. Das Fleisch darin kräftig anbraten und herausnehmen. Paprika, Ingwer und Knoblauch darin anbraten, regelmäßig wenden. Mit der Ketchupsauce ablöschen, Fleisch zufügen, aufkochen und ca. 4 Minuten in der geschlossenen Pfanne schmoren.

Mit Salz und Pfeffer abschmecken. Den Koriander waschen, trocken schütteln, Blättchen abzupfen und grob hacken. Mit Sesam, Koriander und Lauchzwiebelgrün bestreuen. Als Beilage passt dazu sehr gut Reis.

Sushi in der Schale

Zutaten für 4 Portionen

250 g Basmatireis
Salz
125 ml helle Sojasauce
1 TL brauner Zucker
1 TL Wasabipaste
212 ml Sushi-Ingwer

1/2 Salatgurke
600 g frisches Lachsfilet
1 Avocado
2 EL Limettensaft
2 EL Reisessig
2 EL Sesam

Zubereitungszeit: 35 Minuten

Zubereitung

Den Basmatireis in 1/2 l kochendem Salzwasser nach Packungsanweisung zubereiten. Die Sojasauce mit dem braunen Zucker und Wasabi verrühren.

Sushi-Ingwer abwaschen und in einem Sieb gut abtropfen lassen. Die Gurke schälen und fein würfeln. Den Lachs abspülen, sanft trocken tupfen und in etwas breitere Streifen schneiden. Die Avocado halbieren, den Kern entfernen, das Fruchtfleisch aus der Schale lösen und in Spalten schneiden. Mit 2 EL Limettensaft beträufeln.

Unter den Reis den Reisessig rühren. Reis, Gurke, Ingwer, Avocado und Lachs zusammen in Schalen anrichten. Mit dem Sesam bestreuen. Die scharfe Sauce in Schälchen dazu reichen.

Sushi-Terrine

Zutaten für 12 Portionen

400 g Sushi-Reis	**Für die Wasabi-Crème fraîche:**
50 ml Reisessig	150 g Crème fraîche
40 g Zucker	2 TL Wasabi-Paste
Salz	1 TL Honig
40 g helle Sesamsaat	1/2 TL Limettenschale
300 g Rote Beten	
3 EL Erdnussöl	
250 g Thunfisch	
1 Mango	
3 EL Szechuan-Pfeffer	
1 Beet Shiso-Kresse	
1 Blatt Lorbeer	

Zubereitungszeit: 130 Minuten

Zubereitung

Den Reis gründlich unter lauwarmem Wasser waschen und abtropfen lassen. Dann den Reis in 700 ml Wasser kurz aufkochen und bei milder Hitze zugedeckt 18-20 Minuten garen. Von der Herdplatte nehmen, ein Küchentuch oder 2 Lagen Küchenpapier zwischen Topf und Deckel legen und den Reis weitere 20 Minuten ausdämpfen lassen, bis der Reis das Wasser vollständig aufgenommen hat.

Reisessig mit Zucker und Salz in einem Topf erwärmen, bis Zucker und Salz sich aufgelöst haben. Den Reis in einer Schüssel leicht abkühlen lassen und die Essigmischung vorsichtig unterheben, sodass sie vollständig vom Reis aufgenommen wird.

Den Sesam in einer Pfanne ohne Fett goldbraun anrösten und dann auf der Seite abkühlen lassen. Die rote Bete in kochendem Salzwasser mit Lorbeer 40-50 Minuten garen. Abschrecken, schälen und in 1-2 mm dünne Scheiben schneiden. Den Szechuan-Pfeffer im Mörser fein mahlen.

Den Thunfisch waschen, trocken zupfen und in 2 x 2 cm dicke Streifen schneiden und rundherum im Szechuan-Pfeffer wälzen. Das Erdnussöl in einer beschichteten Pfanne erhitzen und den Thunfisch darin bei starker Hitze rundum kurz anbraten. Aus der Pfanne nehmen und auf Küchenpapier abkühlen lassen. Die Mango schälen, das Fruchtfleisch vom Stein schneiden und in hauchdünne Scheiben schneiden.

Eine Kastenform (1,5 l Inhalt) mit Klarsichtfolie auslegen. Mit der Hälfte vom Sesam den Boden ausstreuen und darauf 2 cm hoch den Reis verteilen. Dann die rote Bete dicht nebeneinander auf die Reisschicht legen. Eine 1,5 cm hohe Reisschicht einfüllen und leicht andrücken. Die Thunfischfiletstreifen im Abstand von 2 cm nebeneinanderlegen. 1,5 cm Reis einschichten und leicht andrücken.

Darauf die Mangoscheiben dicht nebeneinander auslegen, sodass die Reisfläche bedeckt ist. Den restlichen Reis darauf verteilen und leicht andrücken. Die Reisoberfläche mit dem restlichen Sesam bestreuen und mit Klarsichtfolie abdecken. Für die Oberfläche der Terrine passend einen Deckel aus festem Karton schneiden. Den Kartondeckel auf die Reisoberfläche legen und beschweren. Terrine mindestens 6 Stunden, am besten über Nacht, kalt stellen.

Crème-fraîche, Wasabi-Paste, Honig und Limettenschale miteinander verrühren. Von der Sushi-Terrine Pappe und obere Folie entfernen. Die Terrine vorsichtig aus der Form stürzen und vom Boden die restliche Folie entfernen. 30 Minuten vor dem Servieren mit einem angefeuchteten scharfen Messer 2 cm breite Stücke schneiden und auf einer Platte anrichten. Bis zum Servieren mit Klarsichtfolie abdecken. Mit Wasabi-Crème-fraîche und Shiso-Kresse servieren.

Süße Frühlingsrollen

Zutaten für 2 Portionen
4 Blätter Frühlingsrollenteig (TK, aufgetaut)
250 g Zwetschgen
2 EL Mandelstifte
100 g Marzipanrohmasse
1 Eiweiß
2 EL Butterschmalz
1 EL Puderzucker

Zubereitungszeit: 15 Minuten

Zubereitung

Den Frühlingsrollenteig auftauen lassen. Dann von dem Teig jeweils 2 Blätter übereinanderlegen. Die Zwetschgen waschen, entsteinen und in Spalten schneiden. Die Mandelstifte in einer Pfanne ohne Fett goldbraun rösten.

Die Zwetschgen auf den Teigblättern verteilen. Die Marzipanrohmasse raspeln und darüber streuen. Je 2 gegenüberliegende Teigränder einschlagen. 1 Eiweiß trennen, den Teig rundherum mit dem Eiweiß bestreichen und fest aufrollen.

Das Butterschmalz in einer Pfanne erhitzen. Die Frühlingsrollen rundherum ca. 6-7 Minuten knusprig braten. Mit Mandelstiften bestreuen und mit 1-2 EL Puderzucker bestäuben. Dazu Vanillesauce servieren.

Süßkartoffelcurry mit Möhren und Aubergine

Zutaten für 4 Portionen

800 g Süßkartoffeln
3 Möhren
2 Zwiebeln
1 Knoblauchzehe
30 g Ingwer
4 EL Öl
1 Banane
Currypulver

Salz und Pfeffer
Zucker
425 ml ungesüßte Kokosmilch
2 TL Gemüsebrühe
1 Aubergine
3 EL Kokoschips
2-3 EL Limettensaft
1 Kästchen grüne Shiso-Kresse

Zubereitungszeit: 50 Minuten

Zubereitung

Die Süßkartoffeln und Möhren schälen und in Würfel schneiden. Zwiebeln, Knoblauch und Ingwer schälen und fein hacken.

2 EL Öl in einem großen Topf erhitzen. Zwiebeln, Knoblauch und Ingwer darin kurz andünsten, ca. 1/4 Süßkartoffelwürfel zugeben und kurz mitbraten. Die Banane schälen, klein schneiden und ebenfalls dazugeben. Mit 1–2 TL Curry bestäuben. Mit Kokosmilch und 600 ml Wasser ablöschen und alles aufkochen.

Die Gemüsebrühe hineingießen und unter Rühren ca. 10 Minuten köcheln. Curry mit dem Stabmixer fein pürieren, dann Möhren und restliche Süßkartoffeln zugeben und nochmals 10–12 Minuten bei mittlerer Hitze garen.

Inzwischen die Aubergine waschen und in Würfel schneiden. Kokoschips in einer Pfanne ohne Fett goldbraun rösten, herausnehmen. Das restliche Öl in der Pfanne erhitzen. Die Auberginenwürfel darin 3–5 Minuten rundherum kräftig anbraten. Mit Salz und Pfeffer würzen. Kurz vor Ende der Garzeit des Currys die Aubergine zugeben. Mit Salz, Pfeffer, Limettensaft und Zucker abschmecken. Mit Kokoschips und Shiso-Kresse bestreuen.

Sweet-Chili-Wok mit Sobanudeln und Nussmix

Zutaten für 4 Portionen

40 g Cashew-Erdnuss-Mix	Pfeffer
1 rote Paprikaschote	350 g Schweineschnitzel
1 gelbe Paprikaschote	1-2 EL Öl
1 Bund Lauchzwiebeln	4 EL Sojasauce
1 Knoblauchzehe	2 EL Rotweinessig
200 g Chuka Soba	3 EL süße Chilisauce
Salz	

Zubereitungszeit: 35 Minuten

Zubereitung

Die Nüsse grob hacken. Paprika waschen, entkernen und in dünne Streifen schneiden. Die Lauchzwiebeln putzen, Enden abschneiden und schräg in feine Ringe schneiden. Den Knoblauch schälen und fein hacken.

Die Chuka Soba in kochendem Salzwasser nach Packungsanweisung zubereiten. Dann die Nudeln abgießen. Die Schweineschnitzel waschen, trocken tupfen und in Streifen schneiden.

Das Öl in einem Wok erhitzen und Paprika und Fleisch darin ca. 5 Minuten rundherum braten. Den Knoblauch dazugeben und mit 4 EL Sojasauce und Essig ablöschen.

Chuka Soba und Lauchzwiebeln in die Pfanne geben und mit Paprika und Fleisch mischen. Nudelpfanne mit Chilisauce und Pfeffer abschmecken. Nüsse darüber streuen.

Tandoori-Hähnchen

Zutaten für 4 Portionen
4 Hähnchenkeulen (à ca. 350 g)
2 EL Tandoori-Paste
200 g griechischer Sahnejoghurt
1 EL Honig

Zubereitungszeit: 60 Minuten

Zubereitung

Die Hähnchenkeulen häuten, waschen und trocken tupfen. Im Gelenk halbieren und das Fleisch mehrmals leicht einschneiden.

Die Tandoori-Paste mit Joghurt und Honig in einer flachen Schale verrühren. Die Hähnchenkeulen in die Marinade geben und die Marinade am besten mit den Händen rund um das Fleisch verteilen. Fleisch mind. 30 Minuten marinieren.

Den Backofen auf 220° C (kein Umluft) vorheizen. Die Hähnchenkeulen auf ein Blech verteilen und für 25-35 Minuten braten. Nach 15 Minuten das Fleisch mit etwas Marinade bepinseln.

Tapioka mit Kokossahne

Zutaten für 4 Portionen

400 ml cremige Kokosmilch
75 g kleine Tapioka-Perlen
40 g Zucker
Salz
1 kleine Mango

100 g Cantaloupe-Melone
3 EL Limettensaft
4 EL Kokosraspeln
150 ml Schlagsahne
1 EL brauner Zucker

Zubereitungszeit: 30 Minuten

Zubereitung

Mit einem Esslöffel 50 g Kokosfett vorsichtig von der geöffneten Kokosmilch abschöpfen, in eine Schüssel geben und glatt rühren.

400 ml Wasser in einem Topf zum Kochen bringen. Die Tapioka-Perlen dazugeben und bei mittlerer Hitze 3-4 Minuten quellen lassen. Dabei immer wieder umrühren. Das restliche Kokosfett mit der Kokosmilch verrühren und mit dem Zucker und 1 Prise Salz zu dem Topf hinzufügen. 15 Minuten weiter garen lassen, dabei häufig rühren. Danach Tapioka im Kühlschrank abkühlen lassen.

Inzwischen die Mango schälen, das Fruchtfleisch vom Stein schneiden und fein würfeln. Die Melone schälen, entkernen und in Würfel schneiden. Beides unter das Tapioka heben und mit Limettensaft abschmecken.

Die Kokosraspel vorsichtig in einer Pfanne ohne Fett hellgelb rösten und dann abkühlen lassen. Die Sahne steif schlagen und unter die Kokoscreme heben. Ebenso wie den braunen Zucker. Tapioka auf Schalen verteilen und mit der Kokossahne und Kokosraspeln bestreut servieren.

Teriyaki-Huhn

Zutaten für 4 Portionen
1 Brathähnchen (ca. 1,3 kg)
Salz
Pfeffer
1 unbehandelte Limette
6 EL Teriyaki-Marinade
2 TL flüssiger Honig
1 Knoblauchzehe

Zubereitungszeit: 20 Minuten

Zubereitung

Das Hähnchen innen und außen kalt abspülen und trockentupfen. Innen kräftig mit Salz und Pfeffer würzen.

Die Limette heiß waschen, trocknen und 2 TL von der Schale fein abreiben. 4 EL Limettensaft auspressen. Beides mit der Teriyaki-Marinade und dem Honig verrühren. Den Knoblauch schälen und mit einer Presse unter die Marinade pressen.

Die Haut des Hähnchens mit einer Fleischgabel mehrfach einstechen. Das Brathähnchen rundherum mit 1/5 der Marinade bestreichen. Die Keulen fest mit Küchengarn zusammenbinden und das Hähnchen mit der Brust nach oben auf ein gefettetes Backblech legen.

Im vorgeheizten Ofen bei 180° C Umluft auf der untersten Schiene ca. 1 Stunde braten. Dabei alle 15 Minuten immer wieder rundherum mit der restlichen Marinade bestreichen. Falls das Hähnchen zu stark bräunt, locker mit Backpapier abdecken.

Thai-Frikadellen auf Gurken-Nudelsalat

Zutaten für 4 Portionen

250 g Reis-Bandnudeln	1 kleiner Topf Koriander
1 Salatgurke	4 Stiele Minze
1–2 rote Chilischoten	50 g geröstete ungesalzene
1 Limette	Erdnüsse
3 EL Öl	1 Zwiebel
2–3 EL Sesamöl	500 g Geflügelhackfleisch
1 TL Zucker	3 EL Semmelbrösel
2 EL Austernsauce	1 Ei
Pfeffer	

Zubereitungszeit: 40 Minuten

Zubereitung

Die Reisnudeln mit heißem Wasser übergießen und für ca. 10 Minuten quellen lassen. Die Salatgurke schälen, längs halbieren und mit Hilfe eines kleinen Löffels entkernen. Das Fruchtfleisch in feine Streifen schneiden. Chilischoten ebenfalls waschen, längs aufschneiden, entkernen und fein hacken. Die Limette halbieren und den Saft auspressen.

Die Nudeln in ein Sieb abgießen, mit kaltem Wasser abschrecken und erst einmal abtropfen lassen. 1 EL Öl in einer Pfanne erhitzen. 1 gehackte Chilischote und die Gurkenstreifen darin ca. 1 Minute andünsten, herausnehmen und mit den Nudeln in eine Schüssel geben. Sesamöl, Zucker, Limettensaft und Austernsauce zugeben, vermengen, mit Salz und Pfeffer würzen und einige Zeit einwirken lassen.

Koriander und Minze waschen, trocken schütteln, die Blättchen abzupfen und grob schneiden. Koriander und Minze, bis auf jeweils 1 EL, unter den Nudelsalat heben, nochmals abschmecken. Die Erdnüsse grob hacken.

Die Zwiebel schälen und in feine Würfel schneiden. Hack, Zwiebel, Semmelbrösel, Ei, restlichen Koriander, sowie restliche Chilischote miteinander verkneten. Mit ca. 1 TL Salz und ca. 1/2 TL Pfeffer würzen. Aus der Hackmasse 10–12 Frikadellen formen. 2 EL Öl in einer großen Pfanne erhitzen. Die Frikadellen darin unter Wenden 10–12 Minuten braten. Den Nudelsalat mit den Frikadellen auf Tellern anrichten und mit Erdnüssen und der restlichen Minze bestreuen.

Thai-Pasta

Zutaten für 2 Portionen

1 Zwiebel	100 ml Gemüsebrühe
1 Knoblauchzehe	2 EL Erdnussbutter
20 g frischer Ingwer	200 g chinesische Nudeln
250 g Spitzkohl	1 EL Limettensaft
200 g Möhren	1 TL Sambal Oelek
3 EL Öl	50 g Sojasprossen
Salz	2 EL Koriandergrün
200 ml ungesüßte Kokosmilch	

Zubereitungszeit: 25 Minuten

Zubereitung

Die Zwiebel schälen und in Streifen schneiden. Den Knoblauch und Ingwer schälen und beides fein würfeln. Den Spitzkohl putzen, den Strunk herausschneiden und in 1 cm breite Streifen schneiden. Die Möhren schälen und in dünne Stifte schneiden.

Das Öl in einer großen Pfanne erhitzen und Zwiebel, Knoblauch und Ingwer 2 Minuten lang dünsten. Spitzkohl und Möhren dazugeben, 4 Minuten mitbraten und alles salzen. Die Kokosmilch und Gemüsebrühe hinzugießen und aufkochen. Die Erdnussbutter mit einrühren und die Sauce 2 Minuten kochen lassen.

Die Nudeln in reichlich kochendem Salzwasser nach Packungsanweisung zubereiten und abgießen. Die Sauce mit Limettensaft und Sambal Olek abschmecken. Die Sojasprossen und den Koriander abwaschen und abtrocknen. Beides mit den Nudeln vermengen.

Thailändischer Salat mit Steakstreifen

Zutaten für 4 Portionen

2 Rumpsteaks (à ca. 200 g)	1 Stange Zitronengras
3 EL Öl	1 Lauchzwiebel
Salz	1–2 rote Chilischoten
Pfeffer	3–4 Stiele Minze
1/2 Salatgurke	2 Limetten
1 rote Zwiebel	2–3 EL Fischsauce

Zubereitungszeit: 25 Minuten

Zubereitung

Die Rumpsteaks vorsichtig waschen und trocken tupfen. 1 EL Öl in einer Pfanne erhitzen. Die Steaks von jeder Seite 3–4 Minuten braten und nach Belieben mit Salz und Pfeffer würzen. Aus der Pfanne herausnehmen, in Alufolie wickeln und ca. 15 Minuten ruhen lassen

Die Gurke schälen, je nach Länge dritteln oder vierteln und zuerst quer in Scheiben und dann in Streifen schneiden. Die Zwiebel schälen und ebenfalls in Streifen schneiden. Vom Zitronengras die äußeren Blätter entfernen, heiß waschen, trocken tupfen und sehr fein hacken. Die Lauchzwiebel putzen, Enden abschneiden und sehr klein schneiden. Chilischoten waschen und in Ringe schneiden. Die Minze waschen, trocken schütteln, die Blättchen abzupfen und grob hacken. Die Limetten halbieren und auspressen.

Das Fleisch aus der Folie nehmen und in mundgerechte Scheiben schneiden. Fleisch, Zitronengras, Gurke, Lauchzwiebel, Chili, Fischsauce, 2 EL Öl, gehackte Minze und Limettensaft in einer Schüssel vermengen, alles ca. 5 Minuten ziehen lassen.

Thailändisches Rinder-Curry mit Süßkartoffelkruste

Zutaten für 8 Portionen

1 TL weiße Pfefferkörner	Salz
1 TL Fenchelsaat	5 EL Limettensaft
2 TL Kreuzkümmelsaat	800 ml Kokosmilch
1 EL Koriandersaat	600 g Kartoffeln
1 Muskatblüte (Macis)	600 g Süßkartoffeln
2 Stangen Zitronengras	250 g Lauch
3 rote Chilischoten	300 g Möhren
30 g Ingwer	800 g Blumenkohl
60 g Schalotten	300 g TK-Erbsen
4 Knoblauchzehen	40 g Butter
800 g Rinderschulter	Muskat
4 EL Öl	3 EL Semmelbrösel
1 EL brauner Zucker	

Zubereitungszeit: 90 Minuten

Zubereitung

Pfeffer, Fenchel, Kreuzkümmel, Koriander und Muskatblüte in einer Pfanne ohne Fett bei mittlerer Hitze unter Rühren anrösten, bis die Gewürze anfangen zu duften. Auf einem Teller abkühlen lassen.

Das Zitronengras um ein Drittel kürzen, die äußeren Blätter entfernen und den Rest in Ringe schneiden. Chili waschen, entkernen und grob schneiden. Schalotten, Knoblauch und Ingwer schälen und grob zerhacken. Die abgekühlten Gewürze in einem Blitzhacker fein zerkleinern. Zitronengras, Chili, Ingwer, Schalotten und Knoblauch dazugeben und ebenfalls fein zerkleinern.

Die Rinderschulter sanft abspülen, trocken tupfen und in 2 cm große Würfel schneiden. 3 EL Öl in einem Bräter (30 cm Ø) erhitzen. Das Fleisch darin bei mittlerer Hitze ca. 5 Minuten rundherum braun anbraten, dann wieder herausnehmen. Das restliche Öl zum Bratfett geben, die Gewürzmischung darin 2–3 Minuten braten. Mit Zucker bestreuen und schmelzen lassen. Die Fleischwürfel untermischen und alles salzen. Den Limettensaft und 700 ml Kokosmilch dazu gießen. Zugedeckt einmal aufkochen und bei milder Hitze halb zugedeckt 45 Minuten schmoren lassen, dabei gelegentlich umrühren. Danach den Bräter komplett wieder verschließen und weitere 30 Minuten schmoren.

Die Kartoffeln und Süßkartoffeln schälen und vierteln. Zusammen in kochendem Salzwasser 25 Minuten weich garen. Abgießen und gut ausdämpfen lassen. Mit einem Kartoffelstampfer zerdrücken und salzen. Nach und nach so viel von der restlichen Kokosmilch unterrühren, bis das Mus streichfähig, aber nicht zu flüssig ist.

Den Lauch putzen, das Weiße und Hellgrüne der Länger nach halbieren und in dicke Scheiben schneiden. Die Möhren schälen, ebenfalls der Länge nach halbieren und in Scheiben schneiden. Den Blumenkohl putzen und in 2 cm große Röschen teilen. Lauch, Möhren, Blumenkohl und gefrorene Erbsen unter das Curry mischen und nur kurz zusammen aufkochen, denn das Gemüse gart im Backofen weiter.

Süßkartoffel-Kartoffel-Mus mit einem Esslöffel darauf verstreichen. Die Butter in einem kleinen Topf zerlassen und kräftig mit Muskat würzen. Die Semmelbrösel auf das Mus streuen und die Butter gleichmäßig darüber verteilen.

Im vorgeheizten Backofen bei 200° C (kein Umluft) 40 Minuten backen. Eventuell während der letzten 5 Minuten den Backofengrill zuschalten, um den Auflauf zu bräunen. Vor dem Servieren 5–10 Minuten außerhalb des Ofens ruhen lassen.

Thunfisch-Sashimi mit Tomaten und Ingwer

Zutaten für 4 Portionen

200 g Möhren	1 EL Koriandergrün
100 g Rettich	2 TL Sojasauce
100 ml Orangensaft	1 Spritzer Tabasco
1/2 TL Chili	1 EL Öl
1/2 TL Honig	3 Spritzer dunkles Sesamöl
Salz	320 g sehr frisches Thunfischfilet
250 g Tomaten	2 TL Sesam
1 TL Ingwer	120 g Reis
1 EL Petersilie	

Zubereitungszeit: 40 Minuten

Zubereitung

Möhren und Rettich schälen und mit Hilfe einer Reibe in hauchdünne Streifen hobeln. 50 ml Orangensaft, Chili, Honig und Salz verrühren und die Gemüsestreifen darin marinieren.

Die Tomaten waschen, vierteln, entkernen und fein schneiden. 50 ml Orangensaft mit Ingwer, Petersilie, Koriander, Sojasauce, Salz, Tabasco, Öl und Sesamöl verrühren und mit den Tomaten mischen.

Den Reis in heißem Salzwasser nach Packungsanleitung garen lassen. Das Thunfischfilet in 8 gleich große Stücke schneiden und mit dem Möhren-Rettich-Salat auf Tellern anrichten. Mit der Tomaten-Vinaigrette beträufeln und mit dem Sesam bestreuen.

Tropischer Obstsalat mit Wan Tan

Zutaten für 4 Portionen

20 g Cranberries	1 Limette
2 EL Kaffeelikör	2 EL Honig
400 g Baby-Ananas	8 Blätter Wan Tan
360 g Papayas	40 g Zucker
600 g Mangos	8 Blätter Wan Tan
460 g Tamarillos	Puderzucker zum Bestäuben
2 EL Fruit-Spice Gewürzmischung	

Zubereitungszeit: 60 Minuten

Zubereitung

Die Cranberries in 2 EL Kaffeelikör einweichen. Die Ananas schälen, die harte Mitte entfernen und das Fruchtfleisch klein schneiden. Die Papayas schälen, längs halbieren, entkernen und in 2-3 cm lange Scheiben schneiden. Die Mangos schälen, den Stein entfernen und ebenfalls in kleine Scheiben schneiden. Tamarillos schälen und längs halbieren.

Die Limette heiß waschen, die Schale abreiben und den Saft auspressen. In einer Schüssel die Cranberries mit dem Likör, Fruit Spice, Limettensaft und -schale und Honig verrühren. Die übrigen Früchte untermischen.

Für die Wan Tan den Zucker mit 50 ml Wasser in einem Topf einmal aufkochen und offen 2-3 Minuten auf kleiner Hitze kochen. Den Zuckersirup abkühlen lassen. Wan Tan mit einer Pinzette im Zuckersirup wenden und auf einem Grill oder in einer geölten Bratpfanne grillen. Wan Tan abkühlen lassen und kurz vor dem Servieren mit etwas Puderzucker bestäuben.

Vietnamesisches Hähnchencurry

Zutaten für 2 Portionen

1 Schalotte	brauner Zucker
2 Stangen Zitronengras	2 EL Öl
20 g Ingwer	3 TL vietnamesisches Currypulver
1 Knoblauchzehe	1 TL Kurkumapulver
2 Möhren	400 ml ungesüßte Kokosmilch
4 Kartoffeln	2–3 EL Fischsauce
500 g Hähnchenkeulen	2 Stiele Koriander
Salz	3 EL geröstete Erdnüsse

Zubereitungszeit: 60 Minuten

Zubereitung

Die Schalotte schälen und fein würfeln. Von dem Zitronengras die äußeren Blätter entfernen, waschen, das untere Drittel in feine Ringe schneiden und den Rest ganz lassen. Ingwer und Knoblauch schälen und sehr fein hacken. Die Möhren schälen und in Scheiben schneiden. Die Kartoffeln ebenso schälen, aber in mundgerechte Stücke schneiden.

Die Hähnchenkeulen waschen, trocken tupfen und die Keulen im Gelenk durchtrennen. Das Fleisch mit Salz würzen. 1 EL Öl in einem Wok erhitzen. Das Fleisch darin bei starker Hitze rundherum goldbraun anbraten und wieder herausnehmen.

Die Hitze auf mittlere Stufe herunterschalten. 1 EL Öl in dem Wok erhitzen. Die Zitronengrasringe, Schalotte, Ingwer, Knoblauch, Currypulver und Kurkuma darin unter Rühren 1–2 Minuten anschwitzen. Dann die Kokosmilch zugießen und aufkochen. Mit 2 EL Fischsauce, Salz und ca. 1 EL braunem Zucker abschmecken. Das restliche Zitronengras unterrühren.

Kartoffeln, Möhren und Hähnchenkeulen in das Curry geben und bei mittlerer Hitze 35–40 Minuten leicht köcheln lassen.

Koriander waschen, trocken schütteln und die Blättchen abzupfen. Curry mit Fischsauce, Salz und Zucker noch einmal abschmecken. Mit gerösteten Erdnüssen und Koriander bestreuen. Dazu schmeckt sehr gut Jasminreis oder frisches Baguette.

Zitrusfrüchte-Crumble

Zutaten für 6 Portionen
50 g Haselnüsse
40 g Ingwer
90 g Mehl
60 g brauner Zucker
60 g Butter
5 Orangen
2 rosa Grapefruits
1 Vanilleschote
3 EL Zucker

Zubereitungszeit: 70 Minuten

Zubereitung

Die Haselnüsse in einer Pfanne ohne Fett braun anrösten. Herausheben und abkühlen lassen. Den Ingwer schälen und grob hacken. Haselnüsse, Ingwer, Mehl und braunen Zucker in einem Blitzhacker kurz mixen. Nach und nach die Butter in Stückchen zugeben und so lange mixen, bis die Masse krümelig ist und Streusel entstehen. Die Streusel dann kalt stellen.

Die Orangen und Grapefruits mit einem scharfen Messer so schälen, dass die weiße Haut vollständig entfernt wird. Die Filets zwischen den Trennhäuten herausschneiden und in einem Sieb abtropfen lassen, den Saft dabei auffangen. Die Reste ausdrücken und den Saft ebenfalls auffangen. Dabei sollten 200 ml Saft herauskommen.

Die Vanilleschote längs aufschneiden und das Mark herauskratzen. 3 EL Zucker in einem Topf karamellisieren lassen und mit dem Fruchtsaft, Vanilleschote und -mark 20-30 Minuten bei mittlerer Hitze einkochen lassen, bis nur noch etwa 50 ml Sirup übrig bleibt.

Die Fruchtfilets in eine Schüssel geben, den Sirup darüber gießen und vorsichtig miteinander mischen. Die Fruchtfilets in einer Auflaufform (30 x 25 cm) verteilen. Die Streusel drüberstreuen und im vorgeheizten Backofen bei 200° C (kein Umluft) 20-25 Minuten backen, bis die Streusel goldbraun sind. Crumble heiß und mit Schlagsahne servieren.

Zweimal gebratenes Schweinefleisch

Zutaten für 4 Portionen

2 magere ausgelöste Schweinenackensteaks (à 300 g)	350 g Brokkoli
	1 Bund Lauchzwiebeln
Salz und Pfeffer	20 g Klebereis
2 EL Hoisin-Sauce	2 EL Sonnenblumenöl
4 EL Sojasauce	1 Dose Bambusschösslinge in Streifen
1 EL Reiswein	
4 EL Zucker	60 g Cashewkerne

Zubereitungszeit: 50 Minuten

Zubereitung

Die Schweinenackensteaks waschen, trocken tupfen und der Länge nach mehrmals ca. 2/3 tief einschneiden. In einem großen Topf mit siedendem Salzwasser (ca. 90° C) ca. 5 Minuten kochen.

Für die Marinade Hoisin-Sauce, Sojasauce und Reiswein verrühren. Mit Salz und Zucker würzen. Das Fleisch aus dem Wasser nehmen, abtropfen lassen, in die Marinade einlegen und ca. 30 Minuten einziehen lassen. Brokkoli waschen und in kleine Röschen zerteilen. Die Zwiebeln schälen und schräg in Ringe schneiden. Den Reis in kochendem Salzwasser nach Packungsanweisung zubereiten.

Das Öl in einer Pfanne erhitzen. Fleisch aus der Marinade nehmen, dabei überschüssige Marinade abstreifen. In der Pfanne von jeder Seite je ca. 3 Minuten braten. Das Fleisch herausnehmen und Brokkoli, Lauchzwiebeln, abgetropfte Bambusschößlinge und Cashewkerne im Bratfett ca. 2 Minuten schmoren.

Die übrige Marinade dazugeben und mit Salz und Pfeffer abschmecken. Das Schweinefleisch in dünne Streifen schneiden. Gemüse und Fleisch auf Reis in Schalen anrichten.

Impressum

1. Auflage

Bildnachweis

Coverabbildung: Depositphotos

Das Werk, einschließlich seiner Teile, ist urheberrechtlich geschützt. Jede Verwertung ist ohne Zustimmung des Verlages und des Autors unzulässig. Dies gilt insbesondere für die elektronische oder sonstige Vervielfältigung, Übersetzung, Verbreitung und öffentliche Zugänglichmachung.

© / Copyright: 2020 Christoph Neuwirth, Seitenberggasse 51, 1160 Wien

Der Inhalt dieses eBooks wurde mit großer Sorgfalt geprüft und erstellt. Für die Vollständigkeit, Richtigkeit und Aktualität der Inhalte kann jedoch keine Garantie oder Gewähr übernommen werden. Der Inhalt dieses eBooks repräsentiert die persönlichen Erfahrungen und Meinung des Autors und dient nur dem Unterhaltungszweck. Der Inhalt sollte nicht mit professioneller Hilfe verwechselt werden. Es wird keine juristische Verantwortung oder Haftung für Schäden übernommen, die durch kontraproduktive Ausübung oder durch Fehler des Lesers entstehen. Es kann auch keine Garantie für Erfolg übernommen werden. Der Autor übernimmt daher keine Verantwortung für das Nicht-Erreichen der im Buch beschriebenen Ziele.

Dieses eBook enthält Links zu externen Webseiten Dritter, auf deren Inhalte der Autor keinen Einfluss hat. Deshalb kann der Autor für diese fremden Inhalte auch keine Gewähr übernehmen. Für die Inhalte der verlinkten Seiten ist stets der jeweilige Anbieter oder Betreiber der Seiten verantwortlich. Die verlinkten Seiten wurden zum Zeitpunkt der Verlinkung auf mögliche Rechtsverstöße überprüft. Rechtswidrige Inhalte waren zum Zeitpunkt der Verlinkung nicht erkennbar. Eine permanente inhaltliche Kontrolle der verlinkten Seiten ist jedoch ohne konkrete Anhaltspunkte einer Rechtsverletzung nicht zumutbar. Bei Bekanntwerden von Rechtsverletzungen werden derartige Links umgehend entfernt.

Alle Rechte vorbehalten

Printed in Poland
by Amazon Fulfillment
Poland Sp. z o.o., Wrocław
01 March 2024

d46bdf8a-708e-4eff-bf1a-4e8e860b03f2R01